Autismo e ADHD: Gioco apprendimento e Medicina Funzionale

Un Nuovo Approccio per la Salute del Cervello e lo Sviluppo Evolutivo

Medicina Funzionale nell'Autismo e nell'ADHD

Daniele Gatto   Giuseppe Rotolo

Nono volume della collana

Medicina Funzionale nell'Autismo e nella Sindrome da Iperattività e Disattenzione

Collana di Medicina Funzionale
diretta dal Dr. Giuseppe Rotolo

Daniele Gatto   Giuseppe Rotolo

A tutti gli Amici e Ricercatori americani

che con generosità e abnegazione

accrescono le conoscenze nel silenzio

per donare un futuro migliore a tutti noi

La mia più sincera gratitudine.

Daniele Gatto   Giuseppe Rotolo

Indice

Daniele Gatto   Giuseppe Rotolo

Daniele Gatto   Giuseppe Rotolo

Daniele Gatto   Giuseppe Rotolo

Daniele Gatto   Giuseppe Rotolo

Disclaimer

Questa collana e questo libro in particolare offrono informazioni e aggiornamenti in medicina. Il libro non deve essere utilizzato come sostituto di una consulenza clinica competente, di una diagnosi o di un trattamento.

Per dare ai lettori un'idea della complessità dei processi biochimici e nello stesso tempo fornire ai medici (ed altri professionisti) uno strumento sinottico vi segnalo il sito Biochemical Pathways: Metabolic Pathways.

 www.bit.ly/b-io-

Usa il codice QR o il link breve per accedere all'articolo.

Visione d'insieme dei percorsi biochimici presenti nel nostro corpo coinvolti direttamente o indirettamente nel metabolismo umano.

Considerando la complessità dei processi biochimici che avvengono nel nostro organismo, è importante consultare sempre il proprio medico di base.

Questo libro vuole essere una fonte di preziose informazioni internazionali per il lettore, tuttavia non è inteso, in alcun modo, come un sostituto alla diretta assistenza di esperti e non deve essere interpretato come una raccomandazione per una terapia specifica, un piano terapeutico o un'altra azione

Daniele Gatto   Giuseppe Rotolo

terapeutica. L'uso di queste informazioni non sostituisce le consulenze e il consiglio di medici specialisti, diagnosi o trattamenti con terapeuti qualificati e competenti.

Le informazioni potrebbero cambiare rapidamente e pertanto, alcune di esse potrebbero non essere aggiornate. Anche il sito di riferimento utilizzato per l'aggiornamento non può essere in alcun modo inteso come sostituto dell'operato di un medico o di qualsiasi altro professionista della salute indispensabile per mettere in opera le nuove scoperte scientifiche.

Credo che questa collana di libri, frutto dell'impegno di molti professionisti americani, inglesi e italiani, rappresenti un'opportunità preziosa per i medici, per i professionisti e anche uno strumento da integrare in un processo diagnostico completo che non può essere realizzato senza il contributo dei medici.

Gli autori e i distributori di questo libro e di questa collana non sono responsabili di eventuali errori o sviste contenuti in questo libro o nel sito di aggiornamento. Qualsiasi utilizzo delle informazioni fornite nel libro e nel sito, non giustifica l'automedicazione.

Gli articoli contenuti in questo libro non costituiscono una proposta di offerta o di vendita per l'acquisto di qualsiasi sostanza o alimento.

Daniele Gatto   Giuseppe Rotolo

Conflitti di Interesse

Dichiaro, nel momento in cui scrivo, l'indipendenza economica dalle compagnie farmaceutiche e dai laboratori di analisi cliniche. Questo libro è scritto con rigore scientifico e libertà consapevole, libera da legami o contratti con produttori di apparecchiature mediche per laboratori di

Daniele Gatto   Giuseppe Rotolo

analisi. È importante sottolineare che non ci sono conflitti di interesse che limitano la mia capacità di giudizio scientifico.

Nell'ambito della medicina funzionale, in cui l'attenzione è incentrata sull'ottimizzazione della salute attraverso la nutrizione, le vitamine e gli integratori, è importante mantenere trasparenza e indipendenza.

Voglio sottolineare che nel momento in cui ho scritto questo libro non ho alcun contratto con aziende farmaceutiche coinvolte nella produzione delle vitamine e degli integratori discussi in questa collana di libri. Inoltre, non ho affiliazioni o contratti con produttori di attrezzature per le analisi di laboratorio.

Giuseppe Rotolo

Daniele Gatto   Giuseppe Rotolo

Gli aggiornamenti in medicina e in Medicina Funzionale

La medicina, da due decenni sta avendo uno sviluppo entusiasmante e tumultuoso. La genetica, l'epigenetica, la genomica computazionale, il sequenziamento shotgun,

Daniele Gatto   Giuseppe Rotolo

l'intelligenza artificiale, l'editing genomico con o senza il CRISPR Cas9 (premio Nobel 2020) e il bioma intestinale hanno aperto orizzonti vastissimi.

Articoli scientifici di alta qualità vengono prodotti giornalmente. L'intelligenza artificiale accorcia i tempi e diminuisce i costi di produzione di articoli scientifici di alta qualità, non sostituisce assolutamente l'operato dei ricercatori ma li assiste negli aspetti meccanici e routinari che appesantiscono e rallentano la ricerca.

Nella produzione di questa collana internazionale non potevamo che avere un approccio visivo uditivo e interattivo. I nostri libri rimandano a migliaia di articoli recenti, suggeriamo video che illustrano la complessa meccanica biochimica della cellula e suggeriamo un nostro sito per l'aggiornamento mensile degli articoli scientifici pubblicati.

Parte delle informazioni fornite dai libri diventano rapidamente obsolete, per tale motivo abbiamo attivato una pagina web dove mensilmente aggiungiamo i nuovi articoli forniti dalla rete di professionisti mondiali. Basta collegarsi ai link suggeriti per avere gli aggiornamenti gratuiti da noi studiati.

I nostri colleghi di New York, dalla Florida e dal Regno Unito hanno dato e continueranno a dare un contributo significativo per la creazione di questa collana di medicina funzionale.

Non mi rimane che augurarvi buona lettura anzi buona avventura. Pensate alle speranze che si aprono grazie a queste nuove ricerche!

Daniele Gatto   Giuseppe Rotolo

Link per accedere agli aggiornamenti mensili

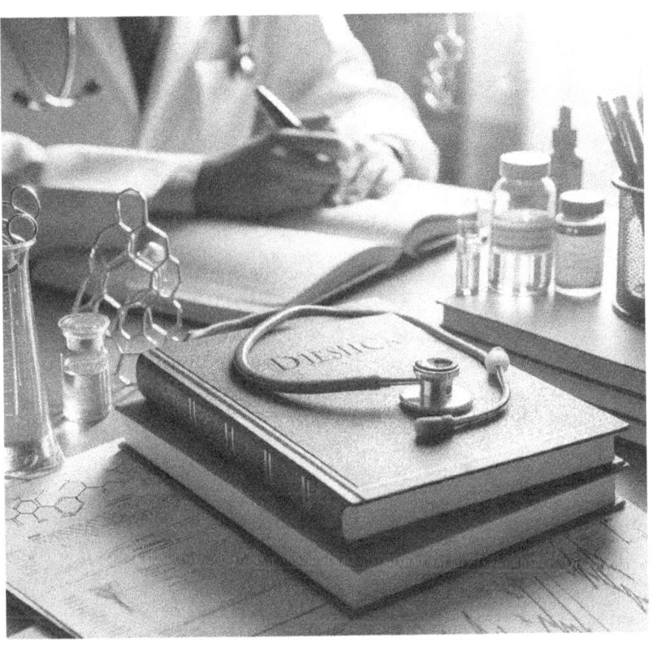

Per mantenere i nostri lettori aggiornati con gli ultimi articoli scientifici, non solo pubblichiamo nuovi libri ma aggiorniamo regolarmente anche il nostro sito Web con informazioni all'avanguardia, fornendoti le conoscenze più recenti e rigorose nel campo.

Daniele Gatto   Giuseppe Rotolo

 Usa uno dei link in basso o il codice QR a sinistra per visualizzare gli aggiornamenti.

www.bit.ly/a-gg

www.tinyurl.com/adhdautismo

www.gdtherapy.it

Daniele Gatto   Giuseppe Rotolo

Il nostro nuovo sito web

La medicina funzionale: una fonte di informazioni in continua evoluzione

La medicina funzionale è una disciplina in continua evoluzione, che si basa sulle ultime scoperte scientifiche. Per questo motivo abbiamo deciso di realizzare un nuovo sito internet che risponda alle nuove esigenze di aggiornamento.

In questa collana parliamo di medicina funzionale perché è un approccio integrato alla salute che considera il paziente come un sistema complesso, in cui tutti i fattori, fisici, mentali ed emotivi, sono interconnessi. Questo approccio, visibile sul sito, si basa su tre principi fondamentali:

La prevenzione: La medicina funzionale si concentra sulla prevenzione delle malattie, piuttosto che sulla cura. Questo significa che si concentra sull'identificazione e la correzione dei fattori che possono aumentare il rischio di sviluppare una malattia.

La personalizzazione: La medicina funzionale è un approccio personalizzato, che si adatta alle esigenze

Daniele Gatto   Giuseppe Rotolo

individuali di ciascun paziente. Questo significa che il medico funzionale considera le caratteristiche genetiche, lo stile di vita, l'alimentazione e l'ambiente del paziente per sviluppare un piano di cura personalizzato.

L'integrazione: La medicina funzionale integra diverse terapie, tradizionali e complementari, per ottenere i migliori risultati. Questo significa che il medico funzionale può utilizzare farmaci, terapie naturali, cambiamenti nello stile di vita e altri interventi per aiutare il paziente a guarire.

Il nostro nuovo sito web è una un'altra fonte di informazioni in continua evoluzione, che include le ultime scoperte scientifiche sulla medicina funzionale ed alcune mappe interattive. Le mappe visive riassumono rapidamente molti aspetti biochimici che influenzano l'apprendimento e la crescita delle persone con Autismo o ADHD.

Ogni mese, il nostro team di esperti seleziona e riassume le nuove ricerche pubblicate nelle riviste mediche autorevoli.

Queste informazioni sono disponibili sul nostro sito web in un formato facile da leggere e comprensibile.

Daniele Gatto   Giuseppe Rotolo

In questo modo, i nostri lettori possono tenersi aggiornati sulle ultime novità della medicina funzionale e utilizzare queste informazioni per migliorare la propria salute e la propria qualità di vita.

Come usare il nostro sito web

Le persone che si interessano alla medicina funzionale possono utilizzare il sito web per tenersi aggiornate sulle ultime scoperte.

Potete usare il codice QR a sintra per accedere direttamente al nostro sito

Link del nostro nuovo sito per l'aggiornamento: www.gdtherapy.it

- I professionisti della salute possono utilizzare il sito web per trovare informazioni aggiornate sulla medicina funzionale, trovando rapidamente la letteratura scientifica aggiornata e selezionata.

- Le persone che stanno cercando un approccio complementare alla cura delle malattie possono utilizzare il sito web per saperne di più sulla medicina funzionale.

Daniele Gatto   Giuseppe Rotolo

- Il nostro sito web è un'importante risorsa per chiunque sia interessato alla medicina funzionale.

- Offre un facile accesso alle ultime informazioni sulla medicina funzionale, consentendo ai lettori di rimanere aggiornati sulle ultime novità e di utilizzare queste informazioni per migliorare la propria salute e la propria qualità di vita.

Daniele Gatto   Giuseppe Rotolo

Prefazione

Con immenso piacere, presentiamo una collana rivoluzionaria di libri dedicati alla medicina funzionale. Ciascun volume esplora un tassello fondamentale di questa disciplina all'avanguardia, offrendo un'immersione profonda nelle più recenti scoperte scientifiche degli ultimi 10 anni.

Daniele Gatto   Giuseppe Rotolo

Caratteristiche distintive:

Approccio olistico: La collana abbraccia una visione olistica della salute, considerando l'interconnessione tra corpo, mente e ambiente.

Temi specifici: Ogni volume si concentra su un argomento chiave della medicina funzionale, fornendo un'analisi dettagliata e aggiornata.

Lettura modulare: La struttura modulare permette di leggere i volumi autonomamente o in sequenza, adattandosi alle esigenze individuali del lettore.

Comprensione completa: L'insieme dei volumi offre una panoramica completa e approfondita della medicina funzionale, aprendo nuove prospettive per la cura e il benessere.

Dall'informazione all'enciclopedia:

Progressivamente, con l'aggiunta di nuovi volumi, la collana si evolverà in una vera e propria enciclopedia di medicina funzionale. Un compendio di conoscenze vasto, ricco di pagine e di argomenti interconnessi, che rappresenta una risorsa preziosa per:

Daniele Gatto   Giuseppe Rotolo

Professionisti della salute: Medici, nutrizionisti, naturopati e altri professionisti che desiderano ampliare le loro conoscenze e competenze in medicina funzionale.

Studenti e ricercatori: Impegnati a comprendere i principi e le applicazioni di questa disciplina innovativa.

Lettori curiosi e appassionati: Interessati a migliorare la propria salute e il proprio benessere attraverso un approccio olistico.

Questa collana rappresenta un'opera pionieristica nel campo della medicina funzionale, offrendo una chiave d'accesso a un mondo di nuove possibilità per la cura e la prevenzione. Un invito a esplorare un paradigma di salute olistico, basato sull'evidenza scientifica e sull'ascolto profondo del corpo.

Daniele Gatto   Giuseppe Rotolo

Volumi di questa collana di libri di medicina funzionale

Oltre agli argomenti specifici di ogni libro, la collana Prevenzione o cura? Guida alla medicina funzionale, si distingue per la sua accessibilità. Medici e professionisti sanitari troveranno informazioni scientifiche aggiornate e riferimenti utili per l'approfondimento, ma i libri sono scritti in un linguaggio comprensibile anche per i non addetti ai lavori. Questo li rende una risorsa preziosa per chiunque sia interessato a migliorare la salute di Persone con ADHD o Autismo.

La collana di libri di medicina funzionale che hai tra le mani non è solo un manuale, ma una guida alla comprensione del funzionamento del corpo umano, una chiave per comprendere come le nostre scelte di vita possono influire direttamente sulla delle Persone speciali di cui ci prendiamo cura. Ogni volume rappresenta un'occasione nel viaggio verso un maggiore benessere.

Puoi trovare le nostre collane su Amazon ai seguenti indirizzi: www.tinyurl.com/efpbh6jp   www.tinyurl.com/35asewrs

Daniele Gatto   Giuseppe Rotolo

Elenco dei volumi già pubblicati

Volume primo

Il Primo volume della collana è una raccolta di articoli e ricerche sull'ADHD e l'autismo, con particolare attenzione all'alimentazione e al suo impatto su queste condizioni.

Daniele Gatto   Giuseppe Rotolo

Il libro inizia con un'introduzione di Giuseppe Rotolo, David Rivas e Antonio Renna, che spiegano lo scopo del volume e la sua rilevanza nel campo della medicina e della terapia della disabilità. Discutono dell'importanza di un approccio olistico al trattamento di individui con ADHD e autismo e sottolineano la necessità di ulteriori ricerche e collaborazioni tra professionisti del settore.

Il primo paragrafo, discute il concetto di "Medicina Funzionale" e la sua applicazione al trattamento dell'ADHD e dell'autismo. Essi sostengono che questo approccio, che si concentra sull'interconnessione del corpo e della mente, può aiutare a identificare e affrontare le cause sottostanti di queste condizioni, piuttosto che trattare semplicemente i sintomi.

Il paragrafo successivo, tratta il ruolo dell'alimentazione nello sviluppo e nel trattamento dell'ADHD e dell'autismo. Il paragrafo sottolinea l'importanza di una dieta equilibrata e i potenziali benefici di alcuni nutrienti, come gli acidi grassi omega-3 e le vitamine B6 e B12, per i soggetti affetti da queste patologie.

Gli articoli successivi esplorano vari aspetti dell'ADHD e dell'autismo, tra cui l'impatto dello stress e dell'infiammazione sul cervello, il ruolo del microbioma intestinale nello sviluppo di queste condizioni e l'uso di

Daniele Gatto   Giuseppe Rotolo

alcune terapie, come la Terapia della Gestalt per la disabilità, per aiutare gli individui con ADHD e autismo.

Nel complesso, il volume fornisce una panoramica delle ultime ricerche e riflessioni nel campo dell'ADHD e dell'autismo e sottolinea l'importanza di un approccio multidisciplinare al trattamento di queste patologie. Si tratta di una risorsa preziosa per i professionisti che lavorano in questo campo, così come per gli individui e le famiglie affette da ADHD e autismo.

Daniele Gatto   Giuseppe Rotolo

Volume secondo

Il volume 'ADHD Autismo e Glutatione è una pubblicazione che esplora il tema della sindrome da iperattività e disattenzione (ADHD) e dell'autismo (ASD), con un focus

Daniele Gatto   Giuseppe Rotolo

particolare sulla importanza del glutatione nella prevenzione e nel trattamento di questi disturbi.

Il volume include una serie di articoli che illustrano il ruolo del glutatione come antiossidante e disintossicante nel corpo umano, e come questo elemento possa essere utile per prevenire o gestire meglio disturbi evolutivi come l'ADHD e l'Autismo.

Inoltre, il volume include anche informazioni su come il glutatione possa aiutare a proteggere il sistema nervoso centrale e a prevenire l'accumulo di metalli pesanti nel corpo, che possono contribuire allo sviluppo di questi disturbi.

Il volume è stato curato dal Dr. Giuseppe Rotolo, un medico specializzato in medicina funzionale e nutrizione, e include contributi da vari autori esperti nel campo della medicina e della ricerca scientifica.

In sintesi, il volume rappresenta una preziosa risorsa per chiunque sia interessato a saperne di più sul ruolo del glutatione nella prevenzione e nel trattamento dell'ADHD e dell'Autismo, e su come questo elemento possa contribuire a proteggere il sistema nervoso e a prevenire l'accumulo di metalli tossici nell'organismo".

Daniele Gatto   Giuseppe Rotolo

Volume terzo

Connessioni nascoste: Fegato, ADHD e autismo Il ruolo chiave del fegato nel trattamento integrato delle funzioni cognitive Il fegato è l'organo interno più grande. È un elemento cruciale del sistema digestivo e aiuta l'organismo a elaborare gli alimenti. Inoltre, libera l'organismo dalle

Daniele Gatto   Giuseppe Rotolo

sostanze tossiche. Questo libro spiega come i problemi al fegato possano influire sul cervello ed esplora il legame tra la salute del fegato e le funzioni cognitive, tra cui il disturbo da deficit di attenzione e iperattività (ADHD) e l'autismo. Imparerete come il fegato contribuisca alla salute generale del cervello e come i problemi epatici possano causare disfunzioni cerebrali, ADHD e autismo. Scoprirete anche come un fegato sano possa aiutare ad avere una vita sana. Questo libro fornisce anche strategie di medicina funzionale per migliorare la funzione epatica. Il fegato è un organo fondamentale per la salute generale del cervello. Se il fegato non funziona correttamente, può causare problemi al cervello.

Daniele Gatto   Giuseppe Rotolo

Volume quarto

Questo quarto libro come tutti quelli della collana di medicina funzionale nell'Autismo (ASD) e nella Sindrome da

Daniele Gatto   Giuseppe Rotolo

Iperattività - Disattenzione (ADHD) è rivolto ai genitori ma nello stesso tempo ai medici (ed altri professionisti).

Tratta dell'importanza della medicina mitocondriale nell'ADHD e nell'autismo. Partendo dagli ultimi sviluppi scientifici e tecnologici, spiega in modo chiaro e accessibile come i mitocondri possono essere coinvolti nell'eziologia di questi disturbi e come ciò può aprire la strada a nuovi approcci diagnostici e terapeutici.

Dopo una panoramica introduttiva sui mitocondri, vengono descritte le più recenti tecniche di editing genetico come CRISPR-Cas9 e il loro potenziale impatto sulle patologie mitocondriali. L'attenzione si concentra poi sugli enzimi mitocondriali e sulle loro funzionalità alterate nell'ADHD e nell'autismo, con un focus sullo stress ossidativo e il ruolo degli antiossidanti.

Nella seconda parte del libro vengono descritti i principali sintomi dell'ADHD e dell'Autismo e alcuni approcci per gestirli efficacemente, sia a livello comportamentale che relazionale. Per l'ADHD vengono elencate le tre tipologie di sintomi e i possibili trattamenti farmacologici o non. Per l'Autismo vengono forniti alcuni esempi di tecniche quali la terapia sensoriale, la musicoterapia e le terapie comportamentali.

Daniele Gatto   Giuseppe Rotolo

Volume quinto

Il quinto volume della collana è in lingua inglese perché è rivolto al pubblico anglosassone. Del resto le collane di libri nascono da una collaborazione internazionale.

Daniele Gatto   Giuseppe Rotolo

Nel quinto volume viene descritto il nostro modello di intervento. La Gestalt Disability Therapy (GDT) è un modello di intervento che aiuta i terapisti a lavorare con persone affette da autismo e ADHD. Può essere definita come un allenamento alla libertà e alla scoperta di sé. La GDT non nega l'efficacia dei modelli di intervento cognitivo-comportamentali, ma piuttosto, come insegna la fenomenologia trascendentale di Edmund Husserl, aggiunge un nuovo modo di conoscere e di prendersi cura che arricchisce, non sostituisce, i modelli terapeutici precedenti. Il terapeuta della Gestalt è un ricercatore, non un tecnico. La cura è un modo di vivere la propria vita.

Daniele Gatto   Giuseppe Rotolo

Volume sesto

Anche il sesto volume è in lingua inglese.

Questo libro è il punto di arrivo dell'unione di conoscenze ed esperienze diverse. Attinge sia alla scienza della natura sia alla scienza dello spirito come due importanti modi di conoscere.

Daniele Gatto   Giuseppe Rotolo

La scienza della natura si concentra sull'osservazione, sulla misurazione e sul mondo fisico. Utilizza metodi come la sperimentazione e la quantificazione. Questo fornisce importanti informazioni fattuali su condizioni come l'autismo e l'ADHD.

La scienza dello spirito umano, o fenomenologia, guarda invece al mondo interiore dell'esperienza soggettiva. Mira a comprendere il significato, lo scopo e la realtà vissuta da una prospettiva in prima persona.

La Gestalt Disability Therapy (GDT) adotta un approccio "both/and", integrando le intuizioni della scienza della natura e della scienza dello spirito. Ciò consente una comprensione più completa dell'autismo e dell'ADHD.

Considerando le informazioni concrete su tratti e comportamenti insieme alla ricca interiorità dell'esperienza vissuta, otteniamo una prospettiva sfaccettata. In questo modo si riconosce che l'autismo e l'ADHD hanno un impatto sia sul funzionamento esterno che sul mondo interiore della percezione, delle emozioni e delle relazioni.

Vedere le persone in modo olistico, da una prospettiva interna/esterna, permette l'empatia, l'inclusione e la convalida della neurodiversità. Promuove trattamenti mirati al benessere dell'individuo dal suo punto di vista. Questa base teorica integrata sottolinea l'orientamento umanistico della GDT.

Daniele Gatto   Giuseppe Rotolo

Nel complesso, il modello attinge in modo produttivo da diversi affluenti scientifici e filosofici per coltivare la cura, la compassione e la comprensione. Questa tesi fa dialogare in modo ponderato questi diversi modi di conoscere per trarne beneficio concettuale e applicativo.

Sia la medicina che la filosofia possono fornire modi preziosi per comprendere gli esseri umani, siano essi neurotipici o autistici.

La medicina si basa sulle scienze per ottenere una conoscenza empirica della fisiologia umana, delle patologie e dei trattamenti. Questa prospettiva clinica, in terza persona, consente diagnosi e interventi.

Tuttavia, come lei ha sottolineato, trascura le esperienze vissute, i significati e le realtà interiori che sono così vitali per comprendere veramente gli esseri umani. È qui che la filosofia eccelle, attraverso i racconti in prima persona, la fenomenologia e l'ermeneutica.

La filosofia è in grado di contestualizzare l'individuo all'interno della sua visione culturale del mondo, delle sue relazioni e del suo senso di sé. Cerca di illuminare i mondi interiori nella loro ricchezza e complessità.

Daniele Gatto   Giuseppe Rotolo

Se integrate, queste prospettive della medicina e della filosofia possono darci una visione più completa di ciò che significa essere umani. Permettono di ottenere informazioni empiriche sulle sfide funzionali e di convalidare le realtà soggettive.

Daniele Gatto   Giuseppe Rotolo

Volume settimo

Il settimo volume della collana di medicina funzionale per l'autismo e ADHD è stato scritto in italiano. In questo volume, il Dr. Giuseppe Rotolo, medico psicoterapeuta della Gestalt, presenta gli aspetti per la diagnosi e la terapia di questi disturbi.

Daniele Gatto   Giuseppe Rotolo

La Gestalt Disability Therapy (GDT) ® è un modello terapeutico che integra la prospettiva relazionale e fenomenologica della Gestalt Therapy con gli approcci della medicina funzionale. Questo approccio si basa sul presupposto che l'autismo e l'ADHD siano disturbi complessi che possono essere causati da una combinazione di fattori, tra cui fattori genetici, ambientali e neuropsicologici.

La Gestalt Disability Therapy (GDT) ® si concentra sulla comprensione dell'esperienza soggettiva della persona con autismo o ADHD. Attraverso un processo di esplorazione e consapevolezza, la persona è in grado di sviluppare una maggiore comprensione di sé e del proprio mondo. Questo processo può aiutare a migliorare la qualità della vita della persona e a ridurre i sintomi del disturbo.

Daniele Gatto   Giuseppe Rotolo

Daniele Gatto   Giuseppe Rotolo

Volume ottavo

L'autismo e l'ADHD sono due disturbi dello sviluppo che possono avere un impatto significativo sulla vita delle persone che ne sono affette. Negli ultimi anni, la ricerca ha iniziato a esplorare il possibile ruolo del microbioma intestinale in questi disturbi.

Daniele Gatto   Giuseppe Rotolo

Microbioma intestinale un ecosistema

Il microbioma intestinale è un ecosistema complesso di batteri, virus, funghi e altri microrganismi che vivono nell'intestino umano. Questo ecosistema svolge un ruolo importante nella digestione, nell'assorbimento dei nutrienti, nel sistema immunitario e nello sviluppo del cervello.

Il microbioma intestinale è unico per ogni persona e può essere influenzato da una serie di fattori, tra cui la dieta, l'uso di antibiotici e lo stile di vita.

Il microbioma intestinale e l'autismo

Alcuni studi hanno dimostrato che le persone con autismo hanno un microbioma intestinale diverso da quello delle persone neurotipiche. Questo microbioma intestinale alterato potrebbe essere un fattore che contribuisce allo sviluppo dell'autismo.

Daniele Gatto   Giuseppe Rotolo

Evidenze scientifiche

Uno studio ha dimostrato che i bambini con autismo hanno livelli più bassi di batteri produttori di butirrato nell'intestino. Il butirrato è un acido grasso a catena corta che ha proprietà antinfiammatorie e neuroprotettive.

Un altro studio ha dimostrato che i bambini con autismo hanno livelli più alti di batteri produttori di citochine proinfiammatorie nell'intestino. Le citochine pro infiammatorie possono contribuire a problemi di sviluppo cerebrale.

Meccanismi d'azione

Il microbioma intestinale potrebbe influenzare l'autismo attraverso una serie di meccanismi.

Daniele Gatto   Giuseppe Rotolo

Produzione di neurotrasmettitori

Alcuni batteri intestinali producono neurotrasmettitori, come la serotonina e la dopamina. Questi neurotrasmettitori sono coinvolti in una serie di funzioni cognitive, tra cui l'attenzione, la regolazione delle emozioni e l'apprendimento.

Modulazione del sistema immunitario

Il microbioma intestinale interagisce con il sistema immunitario. Un microbioma intestinale sano può aiutare a regolare il sistema immunitario e a ridurre l'infiammazione.

Infiammazione

L'infiammazione cronica è stata associata a una serie di disturbi, tra cui l'autismo. Il microbioma intestinale potrebbe contribuire all'infiammazione cronica attraverso una serie di meccanismi.

Le evidenze scientifiche suggeriscono che il microbioma intestinale potrebbe svolgere un ruolo nell'autismo. La ricerca

Daniele Gatto   Giuseppe Rotolo

in questo campo è ancora in corso, ma è importante per lo sviluppo di nuovi trattamenti per l'autismo.

L'Akkermansia

L'Akkermansia è un batterio che è stato associato a una serie di benefici per la salute, tra cui la riduzione dell'infiammazione e l'aumento della produzione di neurotrasmettitori.

Alcuni studi hanno dimostrato che le persone con autismo hanno livelli ridotti di Akkermannsia nell'intestino.

La supplementazione con Akkermannsia potrebbe essere un potenziale trattamento per l'autismo. Tuttavia, sono necessari ulteriori studi per confermare questi risultati.

Daniele Gatto   Giuseppe Rotolo

Introduzione a questo nono Volume

Daniele Gatto   Giuseppe Rotolo

Mentre la domanda che possiamo farci si concentra sui potenziali benefici di varie vitamine nel migliorare il linguaggio nei bambini con autismo, i dettagli forniti e i risultati della ricerca offrono una prospettiva più ampia sugli interventi nutrizionali e il loro impatto sui sintomi del disturbo dello spettro autistico (ASD), compreso lo sviluppo del linguaggio. La ricerca evidenzia la complessità dell'autismo (ASD) e l'approccio multiforme necessario per affrontare i suoi sintomi, compresi i ritardi nel linguaggio.

Daniele Gatto   Giuseppe Rotolo

Analisi visuale dei testi

Anche in questo volume della collana di medicina funzionale applicheremo l'analisi visuale dei testi.

Daniele Gatto   Giuseppe Rotolo

L'analisi visuale dei testi in medicina: applicazioni e benefici. In questo libro inseriremo questo strumento di analisi rapida dei testi.

L'analisi visuale dei testi in ambito medico si configura come un metodo innovativo per disvelare le informazioni contenute in un mare magnum di dati, offrendo una serie di vantaggi per ricercatori, professionisti sanitari e pazienti.

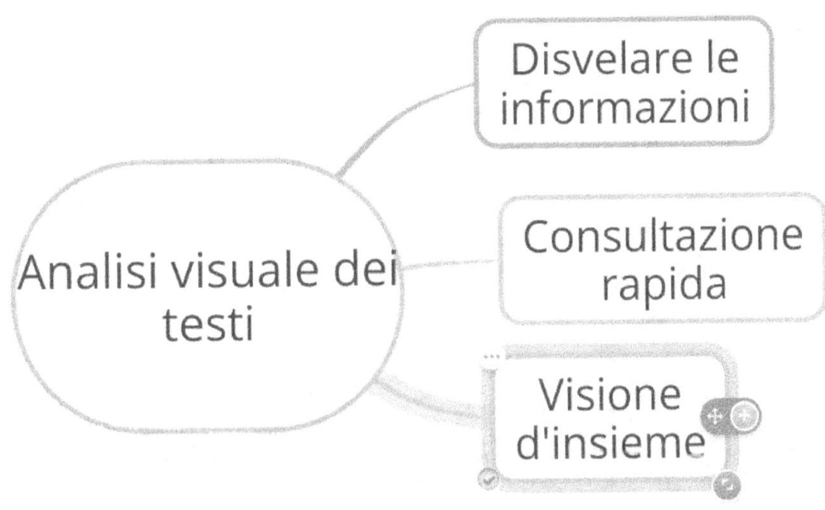

1. Esplorazione e scoperta di nuovi modelli:

L'analisi visuale facilita l'esplorazione di dataset complessi, permettendo di identificare pattern e relazioni che potrebbero non essere evidenti dal testo puro. Attraverso nuvole di parole, mappe concettuali e grafici a torta, è possibile ottenere

Daniele Gatto   Giuseppe Rotolo

una panoramica completa dei dati e individuare nuove connessioni tra concetti, favorendo la scoperta di nuove ipotesi di ricerca e la formulazione di diagnosi più accurate.

Daniele Gatto   Giuseppe Rotolo

Prima parte: gioco libero e empatia

Di Daniele Gatto

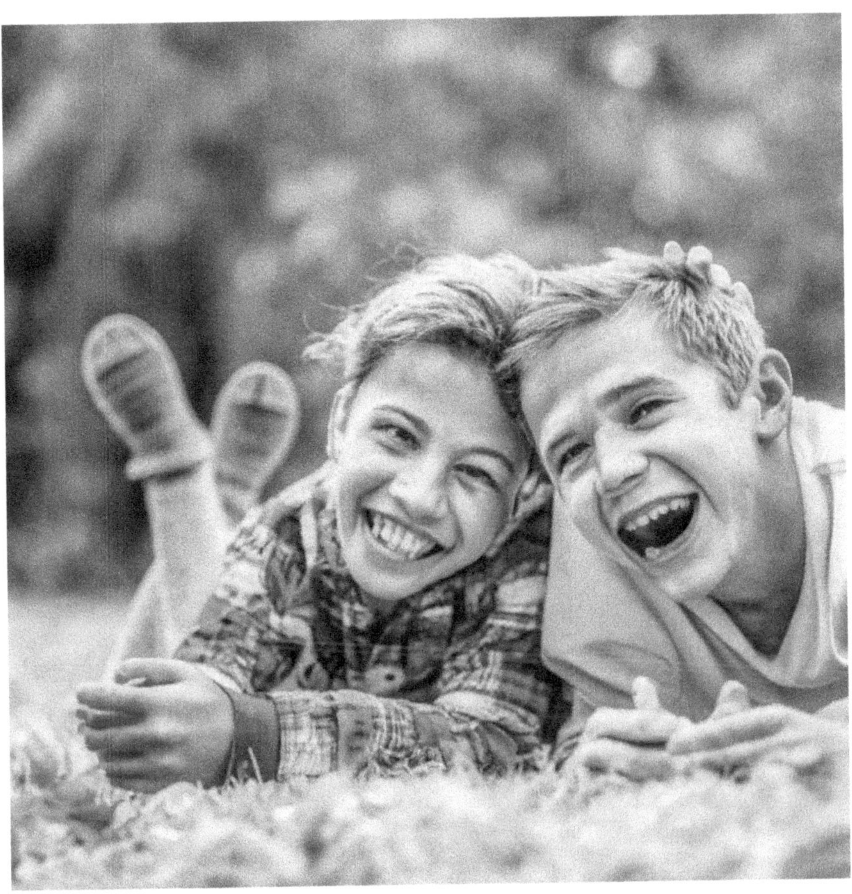

Daniele Gatto   Giuseppe Rotolo

La centralità della relazione nella Gestalt Disability Therapy

La Gestalt Disability Therapy (GDT) pone l'accento sull'importanza della relazione tra operatore e persona con disabilità. Tale relazione si configura come elemento chiave per:

Aumentare il tempo di contatto: la qualità del rapporto tra operatore e utente facilita l'instaurarsi di una connessione significativa, favorendo la collaborazione e la partecipazione attiva della persona con disabilità alle attività proposte.

Migliorare l'apprendimento: la relazione di fiducia e di rispetto reciproco crea un ambiente sicuro e accogliente, in cui la persona con disabilità si sente a proprio agio e libera di esprimere sé stessa. Questo contesto facilita l'esplorazione e la scoperta, favorendo l'apprendimento e lo sviluppo di nuove competenze.

Daniele Gatto   Giuseppe Rotolo

Alcuni aspetti chiave della relazione nella GDT

Presenza autentica: l'operatore è presente in modo autentico e non giudicante, accogliendo la persona con disabilità nella sua totalità.

Ascolto profondo: l'operatore ascolta attentamente e con empatia i bisogni e le emozioni della persona con disabilità, cercando di comprenderne il punto di vista.

Rispetto reciproco: la relazione si basa sul rispetto reciproco e sulla valorizzazione delle individualità di entrambi i soggetti coinvolti.

Comunicazione continua: il dialogo aperto e costante permette di costruire un terreno comune di intesa e di negoziare gli obiettivi del lavoro terapeutico.

La relazione nella Gestalt Disability Therapy ® (GDT) non è un semplice strumento, ma rappresenta una componente fondamentale del processo terapeutico. Attraverso la costruzione di un rapporto di

Daniele Gatto   Giuseppe Rotolo

fiducia e di rispetto reciproco, l'operatore può creare un ambiente sicuro e accogliente che facilita l'apprendimento e la crescita della persona con disabilità.

Aspetti da considerare in chiave relazionale

Daniele Gatto   Giuseppe Rotolo

Daniele Gatto   Giuseppe Rotolo

Comportamenti da osservare

Comportamenti collaboranti: la bambina/o mostra disponibilità a coadiuvare l'intervento dell'operatore?

Dinamiche evitanti: in alcuni momenti, assume un atteggiamento passivo, rifiutando di svolgere gli esercizi proposti?

Grande energia fisica: la bambina/o manifesta un notevole dispendio di energia durante il gioco libero, divincolandosi e lottando?

Gioco: il gioco è un elemento fondamentale per lo sviluppo sano e felice dei bambini. Non solo offre loro un modo divertente per trascorrere il tempo, ma è anche un'importante opportunità per imparare e crescere. Attraverso il gioco, i bambini sviluppano le loro capacità cognitive, motorie, sociali ed emotive. Il gioco permette ai bambini di sperimentare nuove situazioni, testare le loro abilità e costruire la loro comprensione del mondo che li circonda.

Daniele Gatto   Giuseppe Rotolo

Possibili Interventi

Vediamo insieme un articolo che mette in risalto il rapporto tra le emozioni e la carenza cognitiva. Le competenze cognitive ma anche le competenze emotive sono importanti per l'apprendimento. La Gestalt Disability Therapy ® e le altre terapie relazionali sottolineano l'importanza delle emozioni nell'apprendimento.

Analisi grafica delle parole chiave

L'analisi grafica delle parole chiave permette di notare immediatamente le parole chiave più ricorrenti nell'articolo.

Daniele Gatto   Giuseppe Rotolo

Chi leggerà questo libro con Kindle con i colori potrà usufruire di informazioni aggiuntive portate dai diversi colori.

Cognitivo e emotivo 2 parole chiave centrali

Daniele Gatto   Giuseppe Rotolo

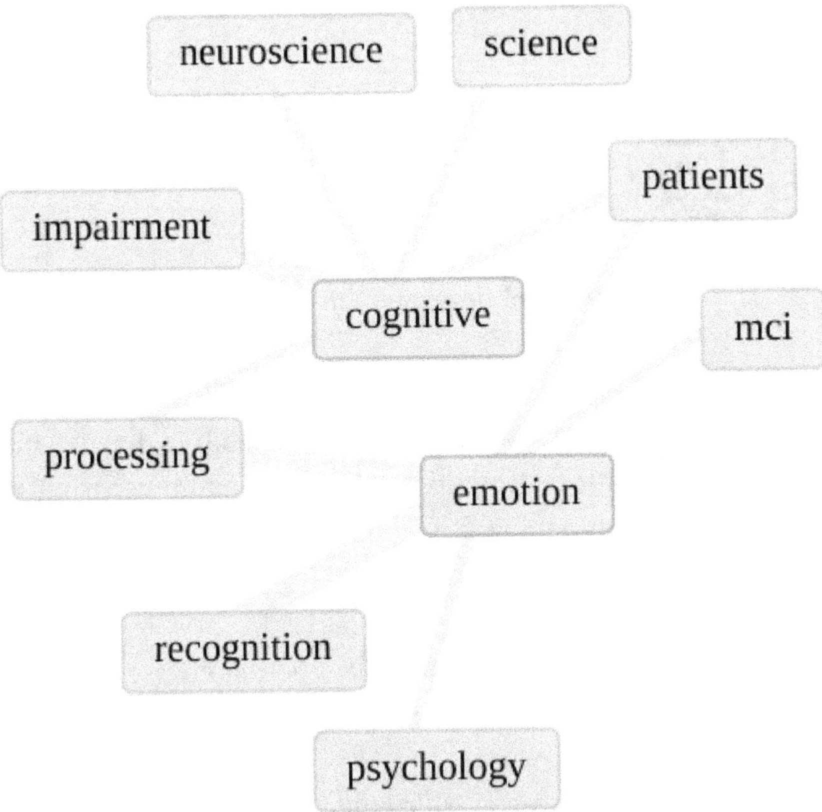

I segmenti di maggiore spessore indicano un legame più frequente tra due parole chiave.

Daniele Gatto   Giuseppe Rotolo

Per leggere l'articolo originale potete usare in codice QR a sinistra o il seguente link breve: www.bit.ly/4bPtI3U

Data pubblicazione: 28 ottobre 2022

Titolo dell'articolo: "Riconoscimento ed elaborazione delle emozioni in pazienti con decadimento cognitivo lieve: Una revisione sistematica - Emotion recognition and processing in patients with mild cognitive impairment: A systematic review".

Vediamo quali informazioni utili possiamo selezionare dall'articolo.

L'articolo, pubblicato su "Frontiers in Psychology", si concentra sulla capacità di riconoscere e processare le emozioni nei pazienti con danno cognitivo leggero (MCI) (Mild Cognitive Impairment), ovvero un lieve declino cognitivo che può rappresentare un precursore della demenza.

La capacità di riconoscere e processare emozioni, secondo alcuni autori è un primo passo per apprendere il linguaggio.

Daniele Gatto   Giuseppe Rotolo

I ricercatori hanno condotto una revisione sistematica della letteratura, analizzando 15 studi pubblicati tra il 2012 e il 2022 che hanno indagato questo aspetto.

Evidenze contrastanti: Gli studi presentano risultati discordanti. Alcuni non hanno riscontrato differenze significative tra pazienti con MCI e soggetti sani nel riconoscimento e nell'elaborazione delle emozioni, mentre altri hanno evidenziato deficit specifici. Questi deficit riguardano principalmente la capacità di riconoscere **emozioni negative** (come tristezza, rabbia e paura) e **emozioni neutre** (come espressioni facciali neutre o ambigue). Al contrario, il riconoscimento di emozioni positive come felicità e sorpresa sembra essere meno colpito in questa fase iniziale del declino cognitivo.

Fattori che influenzano le discrepanze: Le differenze tra gli studi potrebbero essere attribuite a diversi fattori:

Metodi di valutazione eterogenei: gli studi hanno utilizzato test differenti per valutare il riconoscimento e l'elaborazione delle emozioni, rendendo difficile un confronto diretto dei risultati.

Campioni di popolazione non omogenei

Gli studi hanno coinvolto campioni con caratteristiche diverse, come la gravità del danno cognitivo lieve (MCI), la presenza di altre patologie e l'età dei partecipanti. Ciò può influenzare la generalizzabilità dei risultati.

Daniele Gatto   Giuseppe Rotolo

Conclusioni e implicazioni future

È necessaria ulteriore ricerca per comprendere meglio il rapporto tra danno cognitivo lieve (MCI) e il riconoscimento delle emozioni. Studi futuri dovrebbero:

Daniele Gatto   Giuseppe Rotolo

Utilizzare test standardizzati per la valutazione delle emozioni, consentendo un confronto più accurato tra i risultati di studi diversi.

Ricorrere a campioni di popolazione più omogenei, stratificandoli per fattori come la gravità del danno cognitivo leggero (MCI) e la presenza di altre comorbilità.

Indagare i meccanismi neurali alla base dei deficit nel riconoscimento emotivo nei pazienti con danno cognitivo leggero (MCI).

Una migliore comprensione di questo aspetto potrebbe avere implicazioni rilevanti per lo sviluppo di strategie di intervento precoci e mirate per i pazienti con danno cognitivo leggero (MCI). Ad esempio, programmi di training cognitivo o di riabilitazione emotiva potrebbero aiutare a migliorare la capacità di riconoscere e processare le emozioni, favorendo una migliore qualità della vita e delle relazioni sociali dei pazienti.

Daniele Gatto   Giuseppe Rotolo

Alcuni punti salienti tratti dall'articolo

1. Introduzione: Lo studio indaga la capacità di riconoscere e processare le emozioni nei pazienti con danno cognitivo leggero (MCI Mild Cognitive Impairment), un lieve declino cognitivo che può precedere la demenza. Questa abilità è cruciale per la vita sociale e l'adattamento quotidiano, e

Daniele Gatto   Giuseppe Rotolo

comprenderne le compromissioni nei pazienti con danno cognitivo leggero (MCI) è fondamentale per sviluppare interventi mirati.

2. Scopo: I ricercatori hanno condotto una revisione sistematica della letteratura per analizzare lo stato attuale delle conoscenze scientifiche su questo argomento. Questo approccio metodico consente di riassumere e valutare criticamente studi preesistenti, fornendo una visione d'insieme aggiornata e affidabile.

3. Metodo: La revisione si è basata su 15 studi pubblicati tra il 2012 e il 2022 che hanno indagato il riconoscimento e l'elaborazione delle emozioni in pazienti con danno cognitivo leggero (MCI). I ricercatori hanno seguito criteri specifici per selezionare gli studi pertinenti e analizzare i loro risultati in modo oggettivo.

4. Risultati principali: Gli studi presentano risultati discordanti. Alcuni non hanno riscontrato differenze significative tra pazienti con danno cognitivo leggero (MCI) e soggetti sani, mentre altri hanno evidenziato deficit specifici nel riconoscimento e nell'elaborazione delle emozioni.

Daniele Gatto   Giuseppe Rotolo

Deficit specifici: I deficit sono stati osservati principalmente nel riconoscimento di emozioni negative come tristezza, rabbia e paura, e di emozioni neutre come espressioni facciali neutre o ambigue. Ciò suggerisce una maggiore difficoltà nell'elaborare informazioni emotive sottili o negative in questa fase iniziale del declino cognitivo.

Daniele Gatto   Giuseppe Rotolo

Emozioni preservate: Al contrario, il riconoscimento di emozioni positive come felicità e sorpresa sembra essere meno colpito in questa fase iniziale. Questo potrebbe essere dovuto al fatto che le emozioni positive sono generalmente espresse in modo più chiaro e intenso, facilitandone l'identificazione.

How

L'autismo è un disturbo neurologico che può influenzare lo sviluppo del linguaggio. Le persone con autismo possono avere difficoltà nella comunicazione verbale e non verbale. Possono manifestare problemi nell'interpretare le emozioni degli altri e nel rispondere in modo appropriato alle interazioni sociali. L'intervento precoce e mirato può aiutare a migliorare le abilità linguistiche e comunicative delle persone con autismo.

Autismo e linguaggio

Una controversia legata all'autismo e al linguaggio riguarda l'approccio migliore per favorire lo sviluppo linguistico nei bambini autistici. Alcuni sostengono che sia più efficace utilizzare metodi di intervento intensivi e precoci, mentre altri ritengono che sia importante rispettare il ritmo individuale di apprendimento dei bambini autistici. Questa questione solleva dibattiti su quale approccio sia più adatto e produce opinioni contrastanti tra gli esperti del settore.

5. Fattori di discrepanza tra gli studi

Metodi di valutazione eterogenei: Gli studi hanno utilizzato test differenti per valutare il riconoscimento e l'elaborazione delle emozioni. La mancanza di standardizzazione rende difficile confrontare direttamente i risultati e trarre conclusioni definitive.

Daniele Gatto   Giuseppe Rotolo

Campioni di popolazione non omogenei: I campioni di pazienti coinvolti negli studi presentavano caratteristiche diverse, come la gravità del danno cognitivo leggero (MCI), la presenza di altre patologie associate (come depressione o ansia) e l'età. Queste differenze possono influenzare la capacità di riconoscere le emozioni e limitare la generalizzabilità dei risultati ad altri contesti clinici.

6. Conclusioni e implicazioni future:

È necessaria ulteriore ricerca per comprendere meglio il rapporto tra danno cognitivo leggero (MCI) e il riconoscimento delle emozioni.

Studi futuri dovrebbero:

Utilizzare test standardizzati per la valutazione delle emozioni, consentendo un confronto più accurato e affidabile dei risultati tra studi diversi.

Ricorrere a campioni di popolazione più omogenei, stratificandoli per fattori come la gravità del danno cognitivo leggero (MCI), la presenza di altre comorbilità e l'età. Ciò consentirebbe di isolare l'effetto del danno cognitivo leggero (MCI) sul riconoscimento emotivo e di ottenere risultati più generalizzabili.

Daniele Gatto   Giuseppe Rotolo

Indagare i meccanismi neurali alla base dei deficit nel riconoscimento emotivo nei pazienti con danno cognitivo leggero (MCI). Studi di neuroimaging funzionale potrebbero aiutare a identificare le alterazioni cerebrali associate a queste difficoltà.

Una migliore comprensione di questo aspetto potrebbe avere implicazioni rilevanti per lo sviluppo di strategie di intervento precoci e mirate per i pazienti con danno cognitivo leggero (MCI). Ad esempio, programmi di training cognitivo specifici per il riconoscimento emotivo o di riabilitazione emotiva potrebbero aiutare a migliorare la capacità di processare le informazioni emotive e favorire una migliore qualità della vita e delle relazioni sociali dei pazienti.

7. Limiti: Questo riassunto fornisce una panoramica generale dell'articolo. Per una comprensione più

Daniele Gatto   Giuseppe Rotolo

approfondita, si consiglia di consultare l'articolo originale.

8. È interessante notare che le emozioni negative e neutre sembrano essere maggiormente colpite dal lieve declino cognitivo rispetto a quelle positive, suggerendo una possibile difficoltà nell'elaborare informazioni emotive più complesse o con valenza negativa.

Daniele Gatto   Giuseppe Rotolo

9. La mancanza di standardizzazione nei test di valutazione e l'eterogeneità dei campioni di popolazione utilizzati limitano la generalizzabilità dei risultati e la possibilità di trarre conclusioni definitive sull'entità e la specificità dei deficit nel riconoscimento emotivo nei pazienti con danno cognitivo leggero (MCI).

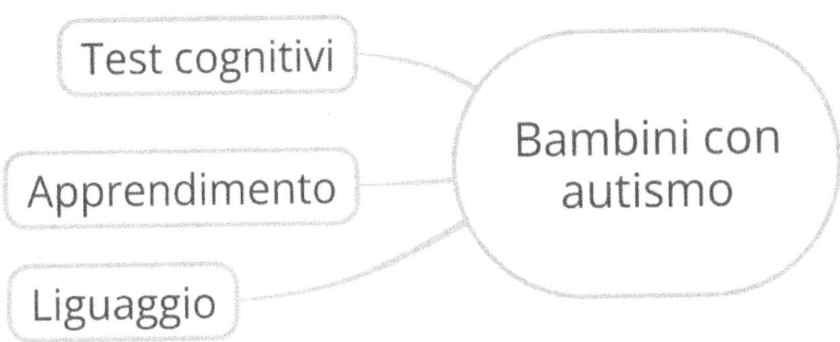

10. Fattori che influenzano la gravità dei deficit nel riconoscimento emotivo:

Oltre ai fattori già menzionati, come la gravità del ritardo cognitivo lieve (MCI) e la presenza di altre comorbilità, diversi altri fattori possono influenzare la gravità dei deficit nel riconoscimento emotivo nei pazienti con ritardo cognitivo lieve (MCI):

Daniele Gatto   Giuseppe Rotolo

Livello di istruzione: Un livello di istruzione più elevato potrebbe essere associato a una migliore capacità di riserva cognitiva, che potrebbe aiutare a compensare i deficit legati al ritardo cognitivo leggero (MCI).

Funzionamento cognitivo globale: I pazienti con ritardo cognitivo leggero (MCI) che presentano un declino cognitivo più marcato in altri domini, come la memoria o il linguaggio, potrebbero avere maggiori difficoltà nel riconoscimento delle emozioni.

Stile di coping: I pazienti con ritardo cognitivo leggero (MCI) che utilizzano strategie di coping efficaci per gestire lo stress e l'ansia potrebbero avere una migliore capacità di regolare le proprie emozioni e di riconoscere le emozioni degli altri.

Depressione e ansia: La presenza di sintomi depressivi o ansiosi può interferire con la capacità di concentrazione e di attenzione, ostacolando il riconoscimento delle emozioni.

Caratteristiche specifiche delle emozioni: Alcune emozioni, come quelle complesse o ambigue, potrebbero essere più difficili da riconoscere rispetto ad altre.

Modalità di presentazione delle emozioni: Le emozioni possono essere espresse attraverso diverse modalità, come il viso, la voce e il linguaggio del corpo. La capacità di

Daniele Gatto   Giuseppe Rotolo

riconoscere le emozioni può variare a seconda della modalità di presentazione.

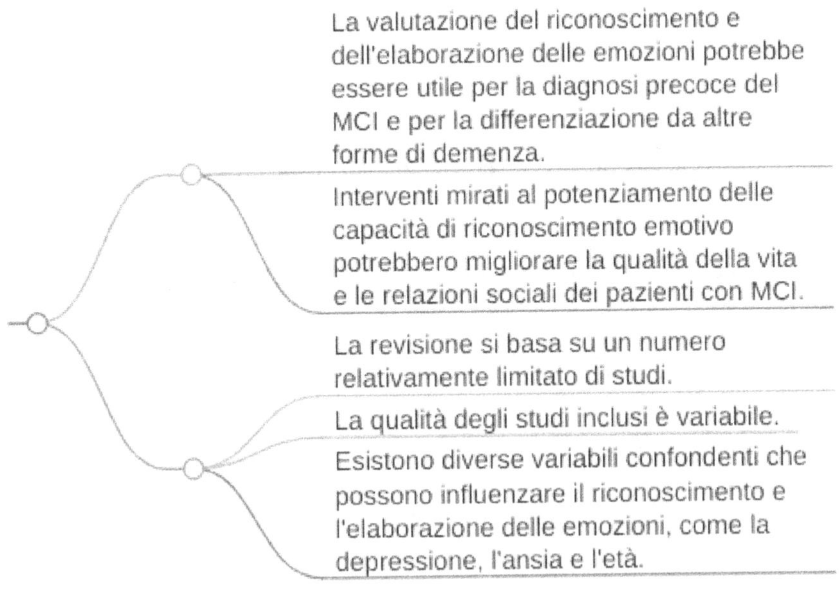

13. Sintesi di alcuni punti chiave

Il riconoscimento e l'elaborazione delle emozioni possono essere compromessi nei pazienti con danno cognitivo lieve (MCI).

Daniele Gatto   Giuseppe Rotolo

È necessaria ulteriore ricerca per confermare questi risultati e per sviluppare interventi efficaci per migliorare le capacità di riconoscimento emotivo in questa popolazione.

14. Punti di forza dell'articolo

Revisione sistematica condotta in modo rigoroso.

Ampia gamma di studi inclusi.

Discussione approfondita dei risultati e delle implicazioni.

15. Punti di debolezza dell'articolo

Eterogeneità dei metodi di valutazione e dei campioni di popolazione

Numero limitato di studi di alta qualità

Daniele Gatto   Giuseppe Rotolo

16. Riferimenti bibliografici

L'articolo fornisce una lista completa dei 15 studi su cui si basa la revisione sistematica.

La scelta di studi di qualità permette informazioni più autorevoli.

Daniele Gatto   Giuseppe Rotolo

Riporto alcuni articoli significativi citati nella review

Balconi, A.A., and Pozzoli, U. (2009). Arousal effect on emotional face comprehension: Frequency band changes in different time intervals. Physiol. Behav. 97, 455–462. doi: 10.1016/j.physbeh.2009.03.023

Bediou, B., Brunelin, J., d'Amato, T., Fecteau, S., Saoud, M., Hénaff, M. A., et al. (2012). A comparison of facial emotion processing in neurological and psychiatric conditions. Front. Psychol. 3:98. doi: 10.3389/fpsyg.2012.00098

Daniele Gatto   Giuseppe Rotolo

Breton, A., Casey, D., and Arnaoutoglou, N. A. (2019). Cognitive tests for the detection of mild cognitive impairment (MCI), the prodromal stage of dementia: Meta-analysis of diagnostic accuracy studies. Int. J. Geriatr. Psychiatry 34, 233–242. doi: 10.1002/gps.5016

Ferretti, V., and Papaleo, F. (2019). Understanding others: Emotion recognition in humans and other animals. Genes Brain Behav. 18:e12544. doi: 10.1111/gbb.12544

Hayashi, S., Terada, S., Takenoshita, S., Kawano, Y., Yabe, M., Imai, N., et al. (2021). Facial expression recognition in mild cognitive impairment and dementia: Is the preservation of happiness recognition hypothesis true? Psychogeriatrics 21, 54–61. doi: 10.1111/psyg.12622

Losh, M., Adolphs, R., Poe, M. D., Couture, S., Penn, D., Baranek, G. T., et al. (2009). Neuropsychological profile of autism and the broadautism phenotype. Arch. Gener. Psychiatry 66, 518–526. doi: 10.1001/archgenpsychiatry.2009.34

Daniele Gatto   Giuseppe Rotolo

Seconda parte: medicina funzionale e apprendimento del linguaggio

Prof. Giuseppe Rotolo

Vitamina D e autismo

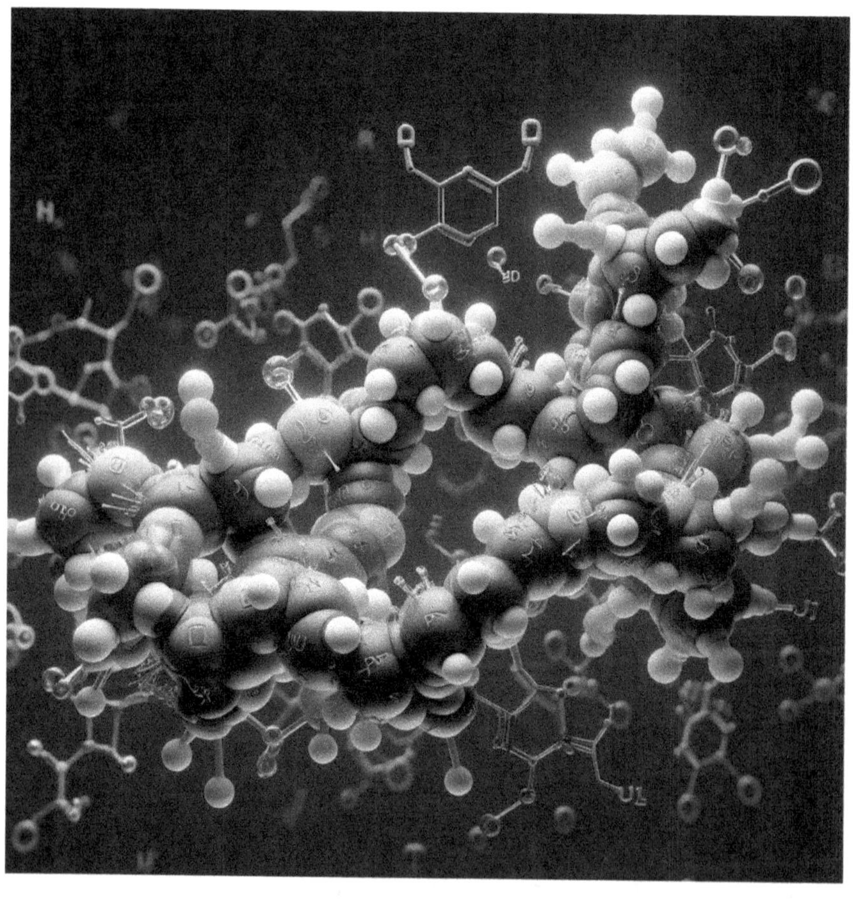

Daniele Gatto   Giuseppe Rotolo

La vitamina D è stata studiata per i suoi potenziali benefici nei bambini con autismo (ASD), in particolare per le sue proprietà antinfiammatorie e il suo ruolo nel neurosviluppo. Una revisione della letteratura scientifica suggerisce che i bambini con autismo (ASD) riportano costantemente livelli di vitamina D significativamente più bassi rispetto ai bambini con sviluppo tipico e che la carenza di vitamina D è fortemente correlata alla gravità dell'autismo (ASD).

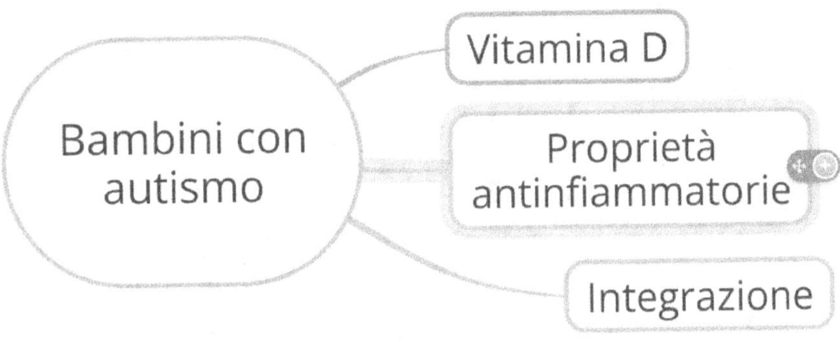

Come sempre alleghiamo un articolo da cui abbiamo preso le informazioni. La revisione richiede studi randomizzati e controllati a lungo termine e ben progettati per confermare l'effetto dell'integrazione di vitamina D sulla gravità dell'Autismo (ASD) [1].

Daniele Gatto   Giuseppe Rotolo

Sostanze che stimolano il linguaggio nell'autismo (ASD)

Sono state proposte diverse vitamine e sostanze per migliorare il linguaggio nei soggetti con autismo (ASD). La vitamina B6, la vitamina B12 e la vitamina D sono state

Daniele Gatto   Giuseppe Rotolo

proposte come terapie per migliorare i sintomi dell'autismo (ASD), compreso il linguaggio. Tuttavia, l'efficacia di queste vitamine varia e non tutti i bambini con autismo (ASD) possono trarne beneficio.

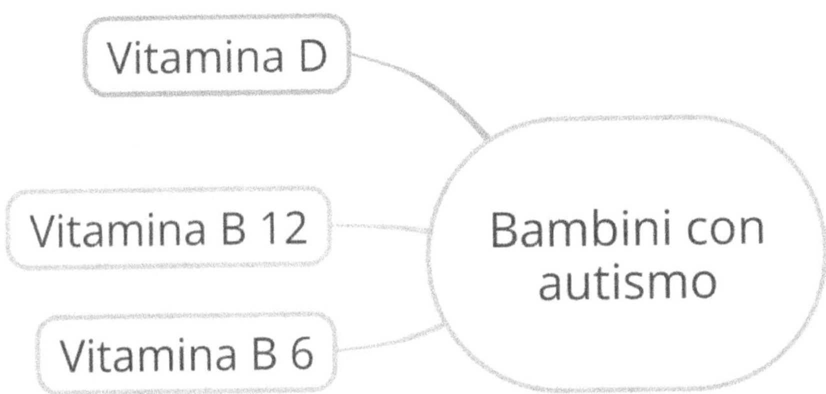

Ad esempio, uno studio sull'integrazione di vitamina B12 non ha mostrato alcun effetto sui risultati complessivi in un gruppo di bambini con autismo (ASD), sebbene un sottogruppo di bambini trattati abbia migliorato le misure comportamentali e di stress ossidativo [2].

Daniele Gatto   Giuseppe Rotolo

Altri integratori per l'autismo

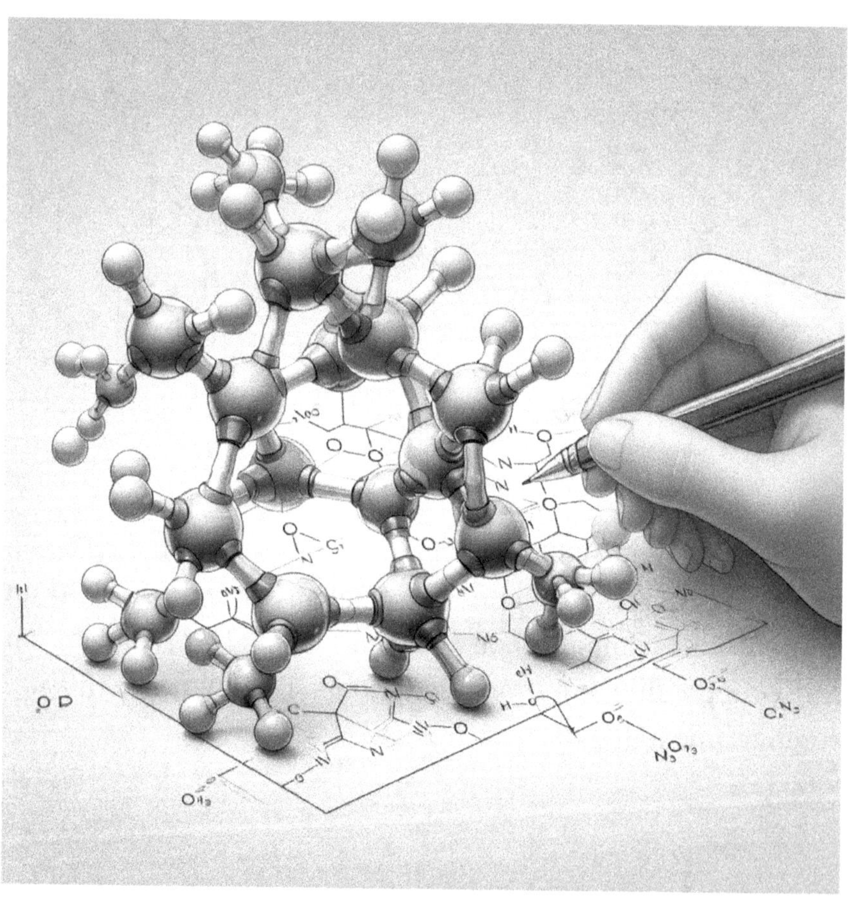

Oltre alle vitamine, altri integratori come gli acidi grassi omega-3, i probiotici, il magnesio e la melatonina sono comunemente utilizzati come terapie complementari per l'autismo.

Daniele Gatto   Giuseppe Rotolo

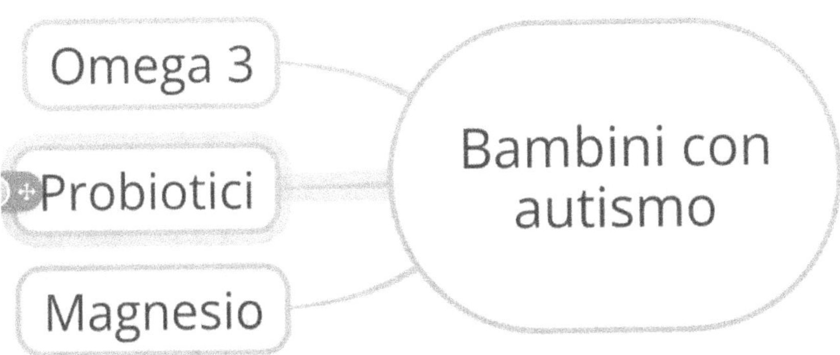

Questi integratori mirano a colmare le carenze nutrizionali, a sostenere il sistema immunitario e a migliorare la salute generale. Tuttavia, è fondamentale consultare un operatore sanitario prima di iniziare qualsiasi nuovo trattamento per determinare quali integratori siano appropriati e sicuri per il bambino [3].

Integratori per i ritardi del linguaggio nei bambini autistici

È stato osservato che l'integrazione di metilcobalamina (Metil-B12) migliora significativamente l'intelligenza, le competenze e la maturità, il che può indirettamente favorire

Daniele Gatto   Giuseppe Rotolo

lo sviluppo del linguaggio nei bambini affetti da autismo. Tuttavia, le ragioni alla base dei ritardi nel linguaggio nell'autismo sono complesse e l'integrazione è solo una delle tante strategie che possono aiutare [6].

Valutare gli integratori alimentari per l'autismo

Quando si prendono in considerazione gli integratori alimentari per l'autismo, in particolare quelli che potrebbero forse migliorare lo sviluppo del linguaggio, è essenziale valutare criticamente le prove scientifiche alla base di questi trattamenti. Alcuni studi e affermazioni possono mancare di una metodologia scientifica rigorosa, rendendo difficile trarre conclusioni definitive sulla loro efficacia [5].

Daniele Gatto   Giuseppe Rotolo

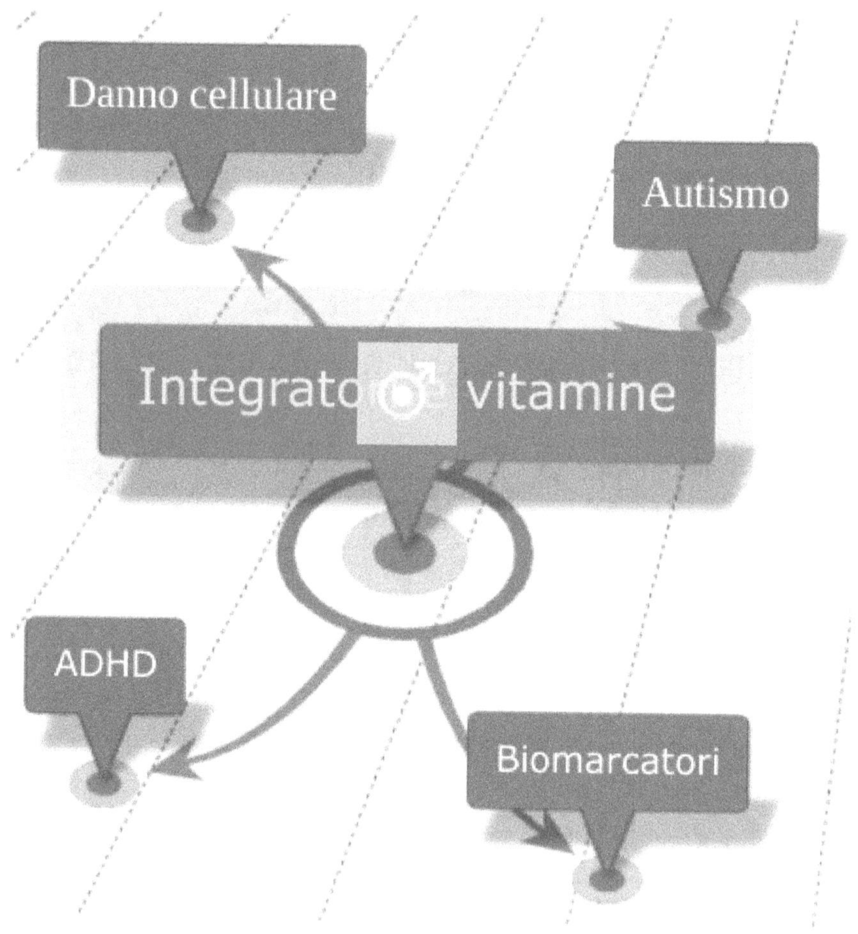

In conclusione, mentre diverse vitamine e integratori sono stati studiati per i loro potenziali benefici nel migliorare il linguaggio e altri sintomi nei bambini con autismo, l'efficacia di questi interventi può variare notevolmente tra gli individui. Gli studi a disposizione non sono definitivi, servono ulteriori ricerche per confermare i risultati. È importante affrontare il

Daniele Gatto   Giuseppe Rotolo

trattamento con una prospettiva globale, considerando le esigenze uniche di ciascun bambino e consultando gli operatori sanitari per sviluppare un piano personalizzato che includa integratori nutrizionali sicuri e appropriati.

Daniele Gatto   Giuseppe Rotolo

Indirizzi web delle fonti citate

[1] https://www.ncbi.nlm.nih.gov/pmc/articles/PMC8746934/

Daniele Gatto   Giuseppe Rotolo

An official website of the United States government Here's how you know

Nutrients. 2022 Jan; 14(1): 26. Published online 2021 Dec 22. doi: 10.3390/nu14010026

PMCID: PMC8746934 | PMID: 35010901

The Role of Vitamin D Supplementation in Children with Autism Spectrum Disorder: A Narrative Review

Monia Kittana,[1] Asma Ahmadani,[1] Lily Stojanovska,[1,2] and Amita Attlee[1,*]

Giovanni Passeri, Academic Editor and Sandro Giannini, Academic Editor

[2] https://www.ncbi.nlm.nih.gov/pmc/articles/PMC6616660/

[3] https://www.crossrivertherapy.com/autism/best-vitamins

[4] https://yourautismgameplan.com/supplements-for-speech-delays-in-autistic-children/

[5] https://asatonline.org/for-parents/becoming-a-savvy-consumer/nutrients-to-support-speech-development-is-there-science-behind-this-treatment/

[6] https://www.autismtransformed.com/supplements-for-speech/

[7] https://pubmed.ncbi.nlm.nih.gov/30607900/

Daniele Gatto   Giuseppe Rotolo

[8] https://bmcpediatr.biomedcentral.com/articles/10.1186/s12887-022-03628-0

[9]   https://tacanow.org/family-resources/medical-causes-of-speech-issues-in-autism/

[10]   https://harkla.co/blogs/special-needs/supplements-for-autism

[11]   https://www.autismparentingmagazine.com/best-supplements-vitamins-autism/

[12]   https://www.parkslopecc.com/speech-language-reading-articles/Speech-Vitamins-do-they-work

[13]   https://www.cdc.gov/ncbddd/actearly/autism/case-modules/pdf/treatments/Vitamin%20Dietary%20Supplements%20and%20Exercise-Based%20Therapies.pdf

Daniele Gatto   Giuseppe Rotolo

[14] https://www.researchgate.net/publication/329269200_The_R ole_of_Vitamins_in_Autism_Spectrum_Disorder_What_Do_ We_Know

[15] https://www.angelsense.com/blog/supplements-and-vitamins-for-autism/

[16] https://www.corticacare.com/care-notes/nutritional-supplements-for-children-with-autism-how-to-choose

[17] https://natautism.com/en/the-most-beneficial-supplements/

[18] https://betterfamily.com/pages/autism-supplements-for-speech

[19] https://www.kennedykrieger.org/stories/interactive-autism-network-ian/vitamins_and_supplements

[20] https://www.nutri-facts.org/en_US/news/articles/omega-3-and-vitamin-e-mix-shows-potential-for-autistic-speech.html

[21] https://www.mediplacements.com/article-801828900-vitamin_d_may_help_improve.html

Daniele Gatto   Giuseppe Rotolo

[22]
https://www.nutraingredients.com/Article/2009/08/19/Omega
-3-vitamin-E-mix-shows-potential-for-autistic-speech

Daniele Gatto   Giuseppe Rotolo

Per chi desidera approfondire e per i medici
rivediamo alcuni punti

Glutatione e ritardo del linguaggio nell'autismo e in altri ritardi dello sviluppo

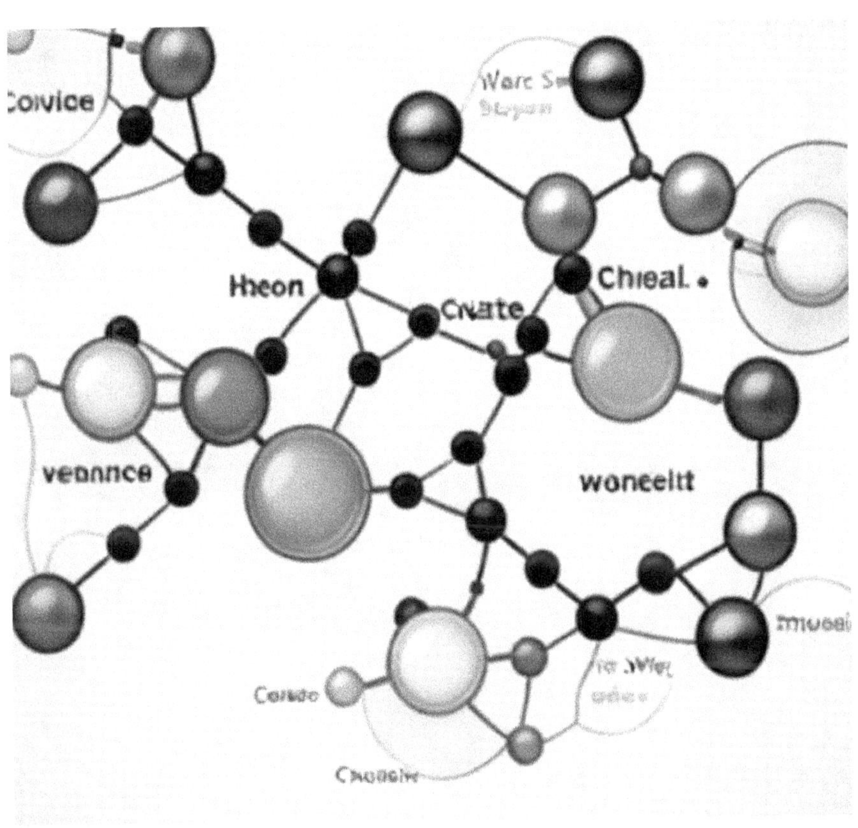

Daniele Gatto   Giuseppe Rotolo

Il glutatione è un tripeptide composto dagli aminoacidi cisteina, glutammato e glicina. È un antiossidante fondamentale per l'organismo e svolge un ruolo nella disintossicazione e nella gestione del neurotrasmettitore glutammato [5]. Alcune ricerche hanno suggerito che i soggetti affetti da disturbo dello spettro autistico (ASD) possono avere livelli più bassi di glutatione, il che potrebbe contribuire allo stress ossidativo e a problemi di sviluppo neurologico [1] [4].

Glutatione nell'autismo

Livelli più bassi nell'ASD: Alcuni studi hanno rilevato livelli significativamente più bassi di glutatione nei soggetti con ASD rispetto ai coetanei con sviluppo normale [1] [4].

Stress ossidativo: Il ruolo del glutatione come antiossidante è fondamentale per combattere lo stress ossidativo, che si ritiene sia un fattore che contribuisce all'ASD [2] [4].

Come agente disintossicante, il glutatione aiuta a eliminare le sostanze nocive che potrebbero danneggiare il sistema nervoso [2] [5].

Daniele Gatto   Giuseppe Rotolo

Studi clinici e integrazione

- Studi di supplementazione: Studi clinici hanno esaminato l'uso di integratori di glutatione per via orale e transdermica in bambini con autismo (ASD), mostrando alcuni miglioramenti nei metaboliti plasmatici della transulfurazione [1] [3].

- Miglioramenti osservati: Sono stati osservati aumenti significativi del glutatione ridotto plasmatico, del solfato, della cisteina e della taurina in seguito all'integrazione [1] [3].

A clinical trial of glutathione supplementation in autism spectrum disorders

Janet K. Kern,[1,2,3,A,B,C,D,E,F,G] David A. Geier,[4,5,A,B,C,D,E,F] James B. Adams,[6,A,D,E,G] Carolyn R. Garver,[2,A,E] Tapan Audhya,[7,A,B,E] and Mark R. Geier[8,A,B,C,D,E,F,G]

Daniele Gatto   Giuseppe Rotolo

Ritardo del linguaggio e glutatione

- Sebbene gli studi diretti sull'integrazione di glutatione e sul ritardo del linguaggio nell'autismo (ASD) siano limitati, il miglioramento complessivo della capacità antiossidante potrebbe teoricamente favorire risultati migliori nello sviluppo neurologico, compreso lo sviluppo del linguaggio.

Daniele Gatto   Giuseppe Rotolo

- Ruolo neuroprotettivo: Le proprietà neuroprotettive del glutatione possono contribuire ad attenuare alcuni dei disturbi neurologici associati all'autismo (ASD), favorendo potenzialmente lo sviluppo del linguaggio [2].

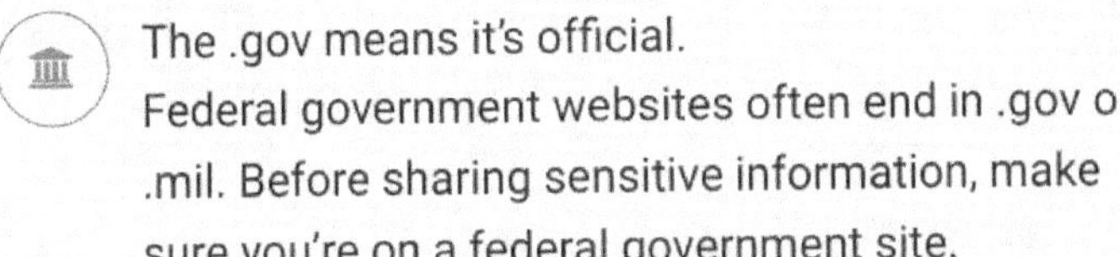

An Open-Label Case Series of Glutathione Use for Symptomatic Management in Children with Autism Spectrum Disorder

Karam Radwan, Conceptualization, Resources, Writing – review & editing, Supervision, Project administration,[1,*] Gary Wu, Writing – original draft, Writing – review & editing,[2] Kamilah Banks-Word, Investigation,[1] and Ryan Rosenberger, Project administration[1]

Daniele Gatto   Giuseppe Rotolo

Livelli di glutatione elevati o ridotti possono non indicare esclusivamente l'autismo (ASD) o ritardi nello sviluppo, in quanto possono essere influenzati da altre condizioni come lo stress ossidativo di varia origine. Cito qui due articoli da cui abbiamo preso la precedente informazione [2] [4].

Anche l'articolo numero [2] proviene dalla biblioteca nazionale di medicina, sito ufficiale del governo americano.

An Open-Label Case Series of Glutathione Use for Symptomatic Management in Children with Autism Spectrum Disorder

Karam Radwan, Conceptualization, Resources, Writing – review & editing, Supervision, Project administration,[1,*] Gary Wu, Writing – original draft, Writing – review & editing,[2] Kamilah Banks-Word, Investigation,[1] and Ryan Rosenberger, Project administration[1]

Grazia D'Onofrio, Academic Editor

Daniele Gatto   Giuseppe Rotolo

Livelli normali di glutatione non escludono necessariamente l'autismo (ASD) o i ritardi nello sviluppo, poiché l'eziologia della condizione è multifattoriale e non dipende esclusivamente dai livelli di glutatione.

Conclusione

Il glutatione svolge un ruolo significativo nel sistema di difesa antiossidante e può essere collegato ai risultati del neurosviluppo nell'autismo (ASD). La supplementazione ha mostrato una certa promessa nel migliorare la capacità antiossidante, che potrebbe, a sua volta, sostenere migliori risultati nello sviluppo. Tuttavia, sono necessarie ulteriori ricerche per stabilire gli effetti diretti del glutatione sullo sviluppo del linguaggio e per determinare la sensibilità e la specificità dei livelli di glutatione come biomarcatore per l'autismo (ASD) e i ritardi nello sviluppo.

Daniele Gatto   Giuseppe Rotolo

Indirizzi web delle fonti citate

[1] https://www.ncbi.nlm.nih.gov/pmc/articles/PMC3628138/

[2] www.ncbi.nlm.nih.gov/pmc/articles/PMC10660524/

Daniele Gatto   Giuseppe Rotolo

[3] https://pubmed.ncbi.nlm.nih.gov/22129897/

[4] https://pubmed.ncbi.nlm.nih.gov/32745763/

[5] https://www.treatautism.ca/glutathione-autism-treatment/

[6] https://www.ncbi.nlm.nih.gov/pmc/articles/PMC3188290/

[7] https://www.mdpi.com/2076-3271/11/4/73

[8] https://www.ncbi.nlm.nih.gov/pmc/articles/PMC3923312/

[9]
https://www.sciencedirect.com/science/article/abs/pii/S10436
61821000207

[10] https://tacanow.org/family-resources/medical-causes-of-
speech-issues-in-autism/

[11] https://www.patchmd.com/glutathione-in-autism.html

[12]
https://www.researchgate.net/publication/13851468_Multiple
_roles_of_glutathione_in_the_central_nervous_system

Daniele Gatto   Giuseppe Rotolo

Come sempre sottolineo gli articoli della rivista scientifica Frontiers. La rivista Frontiers ospita molte review ben fatte.

[13] https://www.frontiersin.org/journals/psychiatry/articles/10.3389/fpsyt.2021.669089/full

ORIGINAL RESEARCH article

Front. Psychiatry, 30 September 2021

Sec. Child and Adolescent Psychiatry

Volume 12 - 2021 |
https://doi.org/10.3389/fpsyt.2021.669089

Improving Antioxidant Capacity in Children With Autism: A Randomized, Double-Blind Controlled Study With Cysteine-Rich Whey Protein

[14] https://www.nature.com/articles/jhg201620

[15] https://www.naturalautismsupport.com/blog/glutathione-and-autism

Daniele Gatto   Giuseppe Rotolo

[16] www.biorxiv.org/content/10.1101/2020.05.21.103036v1

[17] https://austinpublishinggroup.com/pharmacology-therapeutics/fulltext/ajpt-v2-id1015.php

[18] https://ouci.dntb.gov.ua/en/works/4znx0M14/

Daniele Gatto   Giuseppe Rotolo

[19]

https://www.sciencedirect.com/science/article/am/pii/S08915
84920311539

[20]

https://www.frontiersin.org/articles/10.3389/fnmol.2023.1130
922/full

frontiers

REVIEW article

Front. Mol. Neurosci., 09 March 2023

Sec. Brain Disease Mechanisms

Volume 16 - 2023 | https://doi.org/10.3389/fnmol.2023.1130922

The role of selenoproteins in neurodevelopment and neurological function: Implications in autism spectrum disorder

Supriya Behl[1,2]   Sunil Mehta[1]   Mukesh K. Pandey[3*]

[21]   https://www.brainchildnutritionals.com/blogs/news/the-
science-behind-glutathione-supplements-for-autism

Daniele Gatto   Giuseppe Rotolo

[22] https://www.researchgate.net/figure/a-One-carbon-metabolism-metabolic-pathways-converging-at-homocysteine-metabolism_fig1_336247679

[23] https://molecularautism.biomedcentral.com/articles/10.1186/s13229-017-0122-3

[24] https://epidemicanswers.org/glutathione-and-autism/

[25] https://www.ncbi.nlm.nih.gov/pmc/articles/PMC8514994/

Mappa concettuale: ruolo del glutatione nel sistema immunitario e sua relazione con l'autismo e i disturbi dello sviluppo

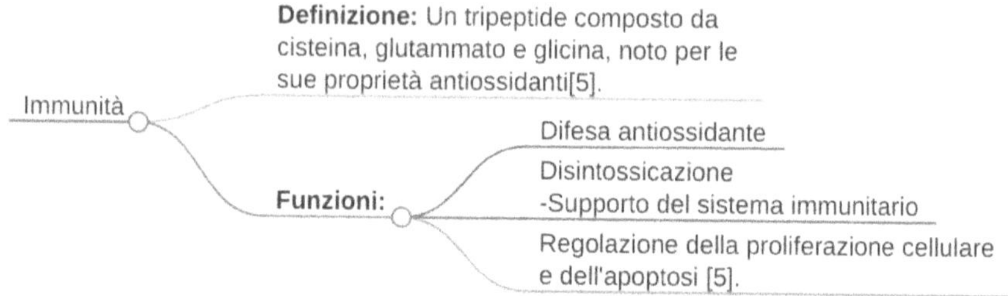

Glutatione e sistema immunitario

- **Funzione immunitaria:** Supporta il sistema immunitario proteggendo le cellule dallo stress ossidativo, che può danneggiare i componenti cellulari e portare a disfunzioni immunitarie.

- **Proliferazione dei linfociti:** Essenziale per la proliferazione dei linfociti, i globuli bianchi fondamentali per la risposta immunitaria.

Daniele Gatto   Giuseppe Rotolo

- **Regolazione dell'infiammazione:** Modula la produzione di citochine e l'infiammazione, che sono aspetti critici della risposta immunitaria.

Daniele Gatto   Giuseppe Rotolo

Glutatione e disturbi dello spettro autistico (ASD)

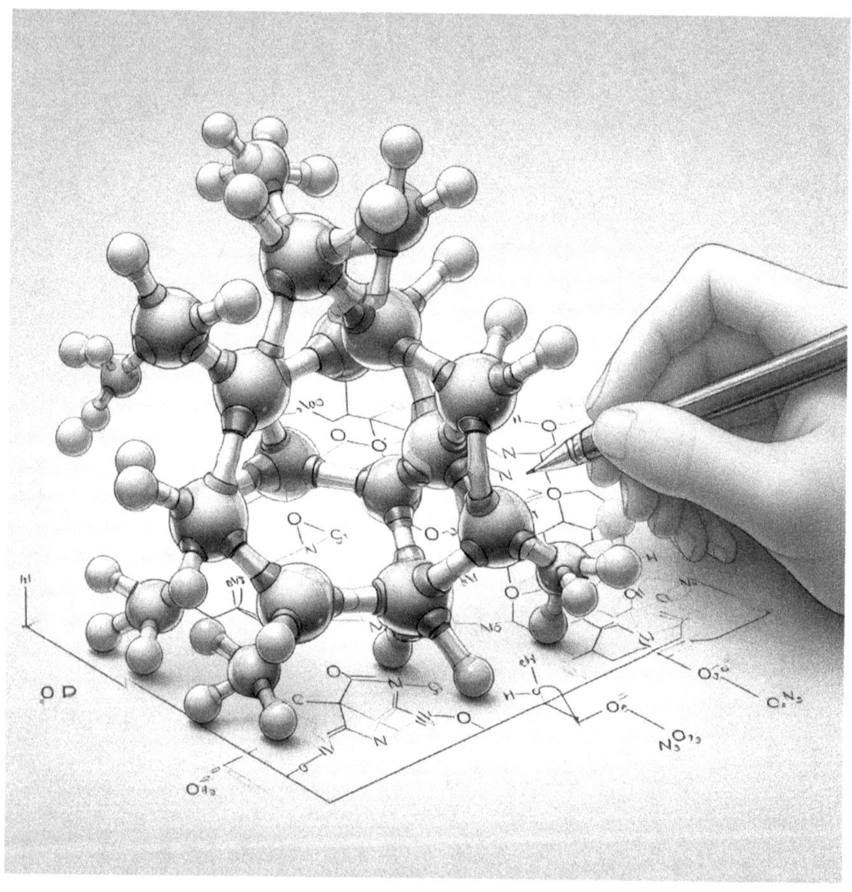

- Livelli più bassi nell'autismo ASD: gli studi hanno riscontrato livelli ridotti di glutatione negli individui con autismo (ASD), che potrebbero influenzare la

Daniele Gatto   Giuseppe Rotolo

funzione immunitaria e contribuire alle sfide dello sviluppo.

- **Stress ossidativo:** L'aumento dello stress ossidativo nell'autismo (ASD) può portare a disregolazione immunitaria e problemi di sviluppo neurologico.

- **Disintossicazione:** il ruolo del glutatione nella disintossicazione è fondamentale per eliminare le tossine che potrebbero esacerbare i sintomi dell'autismo (ASD).

Altri disturbi dello sviluppo

Comuni con l'ASD: Simili all'ASD, anche altri disturbi dello sviluppo possono essere associati allo stress ossidativo e alla disregolazione immunitaria.

Ruolo potenziale del glutatione: L'aumento dei livelli di glutatione potrebbe teoricamente migliorare la funzione immunitaria e mitigare alcuni ritardi nello sviluppo.

Daniele Gatto   Giuseppe Rotolo

Sperimentazioni cliniche e supplementazione

- **Studi sull'integrazione:** è in corso la ricerca sull'integrazione di glutatione per l'autismo (ASD) e i disturbi dello sviluppo, con alcuni studi che indicano potenziali benefici.

- **Miglioramenti osservati:** alcuni studi clinici hanno riportato miglioramenti nei biomarcatori correlati allo stress ossidativo e alla funzione immunitaria in seguito all'integrazione di glutatione.

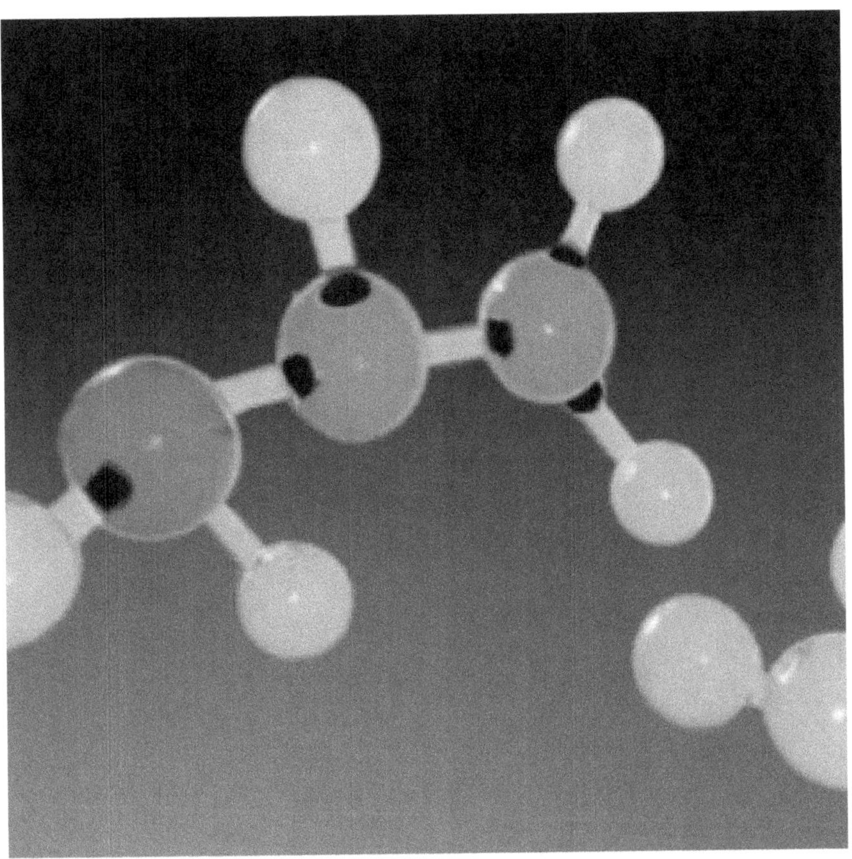

Algoritmo diagnostico

- Uso attuale: I livelli di glutatione non sono attualmente una parte standard dell'algoritmo diagnostico per l'autismo (ASD) o i disturbi dello sviluppo.

Daniele Gatto   Giuseppe Rotolo

- **Biomarcatore potenziale:** La ricerca futura potrebbe stabilire il glutatione come biomarcatore per la disregolazione immunitaria nei disturbi dello sviluppo.

Sensibilità e Specificità

Sensibilità: La capacità dei livelli di glutatione di identificare correttamente l'ASD o i disturbi dello sviluppo non è chiaramente definita.

Specificità: Anche la capacità dei livelli di glutatione di escludere correttamente queste condizioni non è chiaramente stabilita.

Falsi positivi/negativi

- **Falsi positivi:** Livelli elevati o diminuiti di glutatione potrebbero non essere specifici dell'autismo (ASD) o dei disturbi dello sviluppo, poiché possono essere influenzati da vari fattori.

- **Falsi negativi:** Livelli normali di glutatione non escludono necessariamente la presenza di autismo (ASD) o disturbi dello sviluppo.

Daniele Gatto   Giuseppe Rotolo

Conclusione

Il glutatione svolge un ruolo fondamentale nel sistema immunitario e sembra possa essere collegato alla fisiopatologia dell'autismo (ASD) e di altri disturbi dello sviluppo attraverso i suoi effetti sullo stress ossidativo e sulla regolazione immunitaria. Sebbene l'integrazione abbia mostrato qualche promessa, sono necessarie ulteriori ricerche per comprenderne appieno l'impatto e il potenziale come biomarcatore diagnostico.

Daniele Gatto   Giuseppe Rotolo

La vitamina D

Introduzione

In questo breve capitolo esamineremo il ruolo della vitamina D nello sviluppo del linguaggio e le sue implicazioni nel disturbo dello spettro autistico (ASD) e in altri disturbi dello sviluppo, come l'ADHD.

Vitamina D: una panoramica

Definizione: una vitamina liposolubile essenziale per vari processi fisiologici, tra cui la salute delle ossa, la funzione immunitaria e lo sviluppo del cervello.

Fonti: Esposizione alla luce solare, apporto alimentare (ad es. pesce, alimenti arricchiti) e integratori.

Daniele Gatto   Giuseppe Rotolo

Vitamina D e neurosviluppo

- Sviluppo del cervello: i recettori della vitamina D sono presenti nel cervello, indicando un ruolo nei processi di sviluppo neurologico.

Daniele Gatto   Giuseppe Rotolo

- **Neurotrasmissione:** Coinvolto nella regolazione della sintesi e del rilascio dei neurotrasmettitori, che sono fondamentali per lo sviluppo del linguaggio e la funzione cognitiva.

- **Prevalenza della carenza:** tassi più elevati di carenza di vitamina D sono stati osservati nei soggetti con autismo (ASD) rispetto alla popolazione generale.

- **Associazione con la gravità:** alcuni studi suggeriscono una correlazione tra livelli più bassi di vitamina D e una maggiore gravità dei sintomi dell'autismo (ASD), compresi i ritardi nel linguaggio [1] [2].

Vitamina D e altri disturbi dello sviluppo

- **Carenze comuni:** La carenza di vitamina D è osservata anche in altri disturbi dello sviluppo e può contribuire a ritardi cognitivi e linguistici.

- **Ruolo potenziale:** Livelli adeguati di vitamina D possono supportare lo sviluppo neurologico e mitigare alcune sfide dello sviluppo.

Daniele Gatto   Giuseppe Rotolo

Studi sull'integrazione: la ricerca sull'integrazione di vitamina D ha mostrato potenziali benefici nel miglioramento dei sintomi dell'autismo (ASD), comprese le capacità linguistiche e comunicative.

Sperimentazioni cliniche e supplementazione

Miglioramenti osservati: Alcuni studi riportano miglioramenti nello sviluppo del linguaggio in seguito all'integrazione di vitamina D nei bambini con autismo (ASD).

Algoritmo diagnostico

- Ruolo nella diagnosi: i livelli di vitamina D non sono generalmente inclusi nell'algoritmo diagnostico standard per l'autismo (ASD) o i disturbi dello sviluppo.

- Biomarcatore potenziale: Con ulteriori ricerche, i livelli di vitamina D potrebbero essere considerati un biomarcatore per i disturbi dello sviluppo neurologico, in particolare nel contesto dello sviluppo del linguaggio.

Daniele Gatto   Giuseppe Rotolo

Sensibilità e Specificità

- **Sensibilità:** è in fase di studio la capacità dei livelli di vitamina D di identificare correttamente l'autismo (ASD) o i disturbi dello sviluppo.

- **Specificità:** È allo studio anche la capacità dei livelli di vitamina D di escludere correttamente queste condizioni.

Falsi positivi/negativi

- **Falsi positivi:** Bassi livelli di vitamina D potrebbero non essere specifici dell'autismo (ASD) o dei disturbi dello sviluppo, poiché la carenza può essere diffusa nella popolazione generale.

- **Falsi negativi:** I normali livelli di vitamina D non escludono necessariamente la presenza di autismo (ASD) o disturbi dello sviluppo.

Daniele Gatto   Giuseppe Rotolo

Conclusione

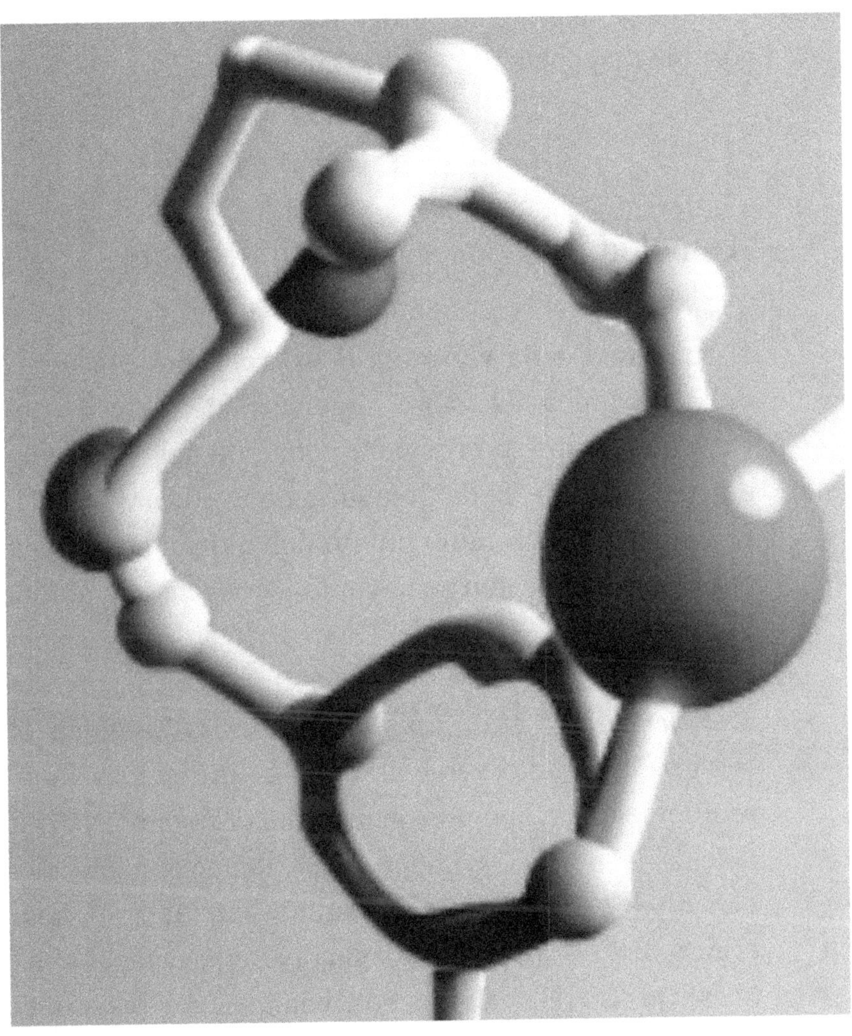

La vitamina D ha un ruolo potenziale nello sviluppo neurologico e nell'acquisizione del linguaggio, con carenze

Daniele Gatto   Giuseppe Rotolo

osservate nell'autismo (ASD) e in altri disturbi dello sviluppo. Gli studi sull'integrazione si mostrano promettenti, ma sono necessarie ulteriori ricerche per stabilire l'impatto della vitamina D sullo sviluppo del linguaggio e la sua utilità nell'algoritmo diagnostico.

Concludiamo con alcuni punti salienti

1. Recettori della vitamina D nel cervello: I recettori della vitamina D sono ampiamente espressi nel cervello, comprese le regioni coinvolte nello sviluppo del linguaggio e nella comunicazione sociale [1] [3]. Ciò suggerisce un ruolo diretto della vitamina D nella regolazione della funzione cerebrale legata alle abilità linguistiche.

2. Effetti sullo sviluppo neuronale: la vitamina D svolge un ruolo cruciale nella differenziazione, proliferazione e apoptosi neuronale, che sono processi essenziali per lo sviluppo e il funzionamento del cervello [3]. Le carenze di vitamina D durante i periodi critici dello sviluppo possono avere un impatto su questi processi, portando potenzialmente a ritardi nel linguaggio.

Daniele Gatto   Giuseppe Rotolo

3. Modulazione del sistema immunitario: è noto che la vitamina D influisce sulle cellule immunitarie e sulle risposte immunitarie. Gli studi hanno dimostrato che la vitamina D può influenzare le cellule dendritiche, che svolgono un ruolo nella regolazione immunitaria e nello sviluppo neurologico [4]. La disregolazione del sistema immunitario dovuta alla carenza di vitamina D può contribuire ai disturbi dello sviluppo neurologico, compresi i ritardi nel linguaggio.

4. Stress ossidativo e infiammazione: La carenza di vitamina D è stata collegata allo stress ossidativo e all'infiammazione, che sono implicati in varie condizioni neurologiche, incluso il disturbo dello spettro autistico (ASD) [5]. Questi fattori potrebbero potenzialmente influenzare lo sviluppo del cervello e le abilità linguistiche.

5. Fenotipi comportamentali: Modelli animali hanno dimostrato che la carenza di vitamina D nello sviluppo può portare a fenotipi comportamentali rilevanti per l'autismo, inclusi ritardi nello sviluppo del linguaggio e della comunicazione sociale [1]. Ciò suggerisce un collegamento diretto tra i livelli di vitamina D e gli esiti comportamentali associati ai disturbi dello sviluppo.

Daniele Gatto   Giuseppe Rotolo

6. Recupero di comportamenti rilevanti per l'autismo (ASD): Gli studi hanno dimostrato che il trattamento con vitamina D durante la gravidanza può salvare comportamenti rilevanti per l'ASD in modelli animali con sintomi simili all'autismo (ASD), indicando un potenziale effetto terapeutico sugli esiti dello sviluppo neurologico [1] [4].

Questi meccanismi evidenziano l'intricata relazione tra livelli di vitamina D, neurosviluppo, funzione immunitaria e risultati comportamentali nel contesto dell'autismo e di altri disturbi dello sviluppo. Sono necessarie ulteriori ricerche per chiarire completamente i percorsi specifici attraverso i quali la vitamina D influenza il ritardo del linguaggio in queste condizioni.

Daniele Gatto   Giuseppe Rotolo

Indirizzi web delle citazioni

[1] https://www.ncbi.nlm.nih.gov/pmc/articles/PMC6566814/

[2]
https://www.sciencedirect.com/science/article/abs/pii/S09600
7601630365X

Daniele Gatto   Giuseppe Rotolo

[3] https://www.ncbi.nlm.nih.gov/pmc/articles/PMC7824115/

[4] https://www.peertechzpublications.org/articles/OJPCH-3-113.php

[5] https://www.researchgate.net/publication/311896505_Developmental_Vitamin_D_deficiency_and_Autism_Putative_pathogenic_mechanisms

Daniele Gatto   Giuseppe Rotolo

Alcuni meccanismi d'azione

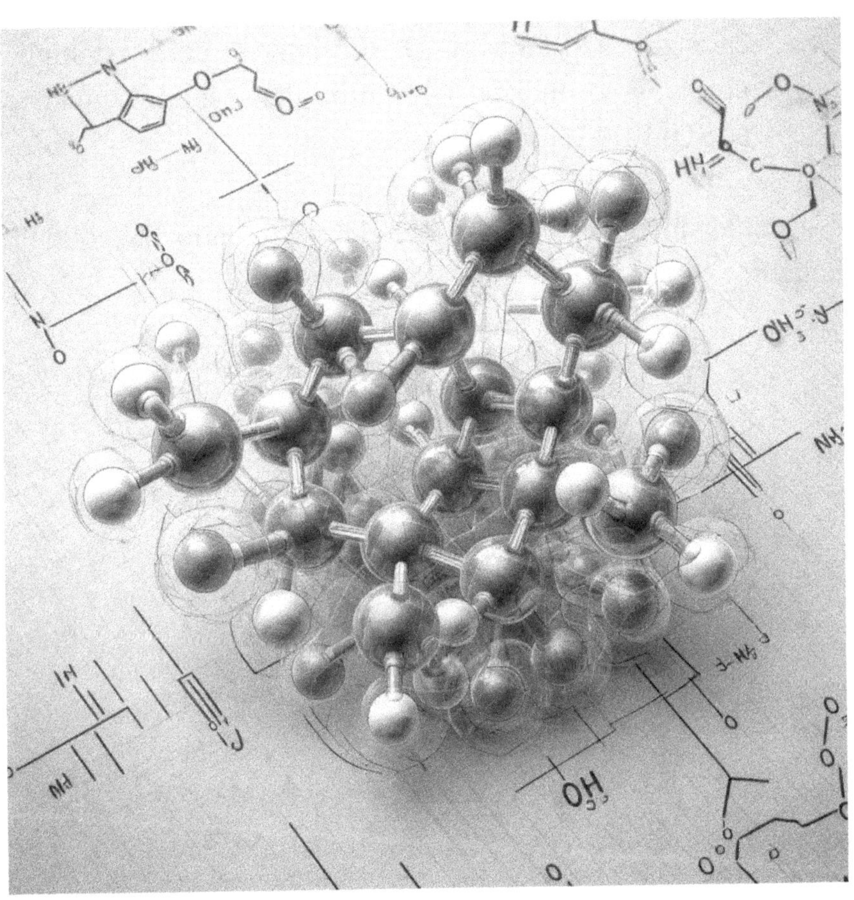

La relazione tra carenza di vitamina D e ritardo del linguaggio nell'autismo e in altri disturbi dello sviluppo è

Daniele Gatto   Giuseppe Rotolo

multiforme e coinvolge vari meccanismi. Ecco alcuni punti chiave in base ai risultati di ricerca forniti:

1. Carenza di vitamina D e disturbi dello sviluppo neurologico: gli studi hanno evidenziato un legame tra carenza di vitamina D e disturbi dello sviluppo neurologico, incluso il disturbo dello spettro autistico (ASD) [2] [3].

L'articolo anche se in lingua inglese è redatto da colleghi italiani.

The .gov means it's official.
Federal government websites often end in .gov or .mil. Before sharing sensitive information, make sure you're on a federal government site.

Vitamin D Deficiency in Autism Spectrum Disorder: A Cross-Sectional Study

Maria G. Petruzzelli,[⊠1] Lucia Marzulli,[2] Francesco Margari,[1] Andrea De Giacomo,[1] Alessandra Gabellone,[1] Orazio V. Giannico,[2] and Lucia Margari[2]

Daniele Gatto   Giuseppe Rotolo

Bassi livelli di vitamina D sono stati associati a ritardi nel linguaggio, disturbi cognitivi e problemi comportamentali negli individui con autismo (ASD) [1].

Article | Literature Review

Vitamin D Deficiency and Autism Spectrum Disorder

April 2020 · Current Pharmaceutical Design 26(21)
DOI: 10.2174/1381612826666200415174311

Authors:

Martina Siracusano
University of Rome Tor Vergata

Assia Riccioni
University of Rome Tor Vergata

Roberta Abate

Arianna Benvenuto

2. Fenotipi comportamentali rilevanti per l'autismo: È stato dimostrato che la carenza di vitamina D nello sviluppo produce fenotipi comportamentali rilevanti per l'autismo in modelli animali, inclusi ritardi nello sviluppo del linguaggio e nella comunicazione sociale [3]. Ciò suggerisce un impatto diretto della vitamina D sui comportamenti caratteristici dell'autismo (ASD).

Daniele Gatto   Giuseppe Rotolo

3. Meccanismi neurobiologici: la vitamina D svolge un ruolo cruciale nello sviluppo e nel funzionamento del cervello, influenzando la differenziazione neuronale, la neurotrasmissione e la modulazione immunitaria [3] [5]. Le carenze di vitamina D durante i periodi critici dello sviluppo possono interrompere questi processi, contribuendo a ritardi nel linguaggio e ad altre sfide dello sviluppo neurologico.

4. Effetti preventivi e terapeutici: alcuni studi suggeriscono che l'integrazione di vitamina D può avere effetti preventivi o terapeutici nell'autismo (ASD). L'esposizione prenatale a livelli più elevati di vitamina D è stata associata a migliori risultati cognitivi e a una riduzione del rischio di autismo (ASD) [5]. Inoltre, è stato dimostrato che il trattamento con vitamina D durante la gravidanza migliora i comportamenti rilevanti per l'autismo (ASD) in modelli animali [3].

5. Implicazioni sulla salute pubblica: L'associazione tra carenza di vitamina D nello sviluppo e autismo (ASD) può avere importanti implicazioni per la salute pubblica. Comprendere i meccanismi neurobiologici alla base di questa relazione è fondamentale per sviluppare interventi mirati e strategie preventive [3].

Daniele Gatto   Giuseppe Rotolo

6. Fattori genetici e ambientali: Sia i fattori genetici che quelli ambientali svolgono un ruolo nell'eziologia dell'autismo. La carenza di vitamina D è stata implicata in varie anomalie associate all'autismo (ASD), come mutazioni genetiche, stress ossidativo, infiammazione, disregolazione immunitaria e livelli anormali di neurotrasmettitori [5].

In conclusione, la relazione tra carenza di vitamina D e ritardo del linguaggio nell'autismo e in altri disturbi dello sviluppo coinvolge complesse interazioni tra percorsi neurobiologici, funzione immunitaria e risultati comportamentali. Sono necessarie ulteriori ricerche per chiarire i meccanismi specifici attraverso i quali la vitamina D influenza lo sviluppo del linguaggio in queste condizioni.

Daniele Gatto   Giuseppe Rotolo

Indirizzi web delle fonti scientifiche

[1]
https://www.researchgate.net/publication/340674025_Vitami
n_D_Deficiency_and_Autism_Spectrum_Disorder
[2] https://www.ncbi.nlm.nih.gov/pmc/articles/PMC7520686/

Daniele Gatto   Giuseppe Rotolo

[3] https://www.ncbi.nlm.nih.gov/pmc/articles/PMC6566814/

[4] https://www.sciencedirect.com/science/article/abs/pii/S09600
7601630365X

[5] https://www.frontiersin.org/articles/10.3389/fnbeh.2022.8591
51/full

Research Progress on the Role of Vitamin D in Autism Spectrum Disorder

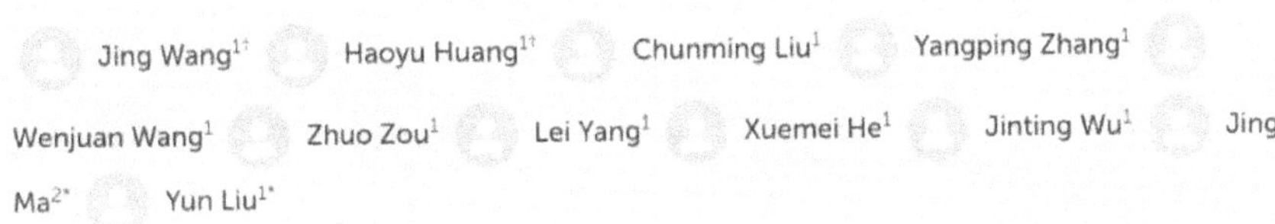

Jing Wang[1†]   Haoyu Huang[1†]   Chunming Liu[1]   Yangping Zhang[1]

Wenjuan Wang[1]   Zhuo Zou[1]   Lei Yang[1]   Xuemei He[1]   Jinting Wu[1]   Jing Ma[2*]   Yun Liu[1*]

Daniele Gatto   Giuseppe Rotolo

Vitamina B

Ruolo del gruppo della vitamina B nel ritardo del linguaggio nell'autismo e in altri disturbi dello sviluppo

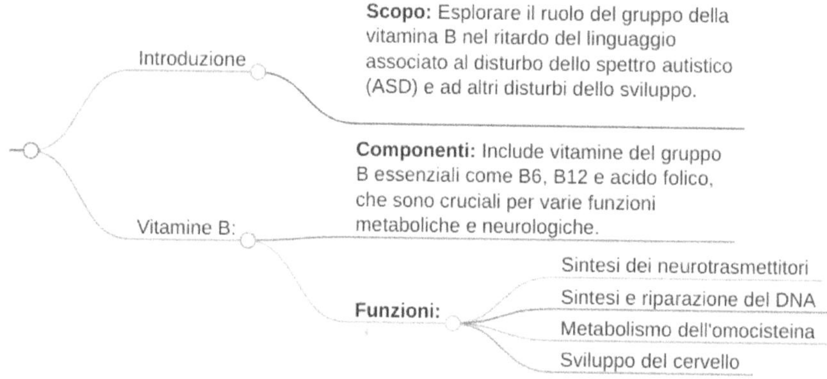

Daniele Gatto   Giuseppe Rotolo

Vitamina B e sviluppo neurologico

Daniele Gatto   Giuseppe Rotolo

Funzione cerebrale: le vitamine del gruppo B sono vitali per la salute del cervello, influenzando le funzioni cognitive e lo sviluppo del linguaggio.

Neurotrasmissione: le vitamine del gruppo B, in particolare la B6, sono coinvolte nella sintesi dei neurotrasmettitori essenziali per l'elaborazione e la comunicazione del linguaggio.

Vitamina B e disturbo dello spettro autistico (ASD)

- Associazioni con autismo (ASD): Gli studi hanno dimostrato che un'adeguata assunzione di vitamine del gruppo B è importante per prevenire disturbi comportamentali e cognitivi, preoccupazioni significative nei soggetti con autismo (ASD) [1].

- Studi sull'integrazione: La ricerca indica che l'integrazione combinata con folato e B12 può ridurre il deterioramento neurocomportamentale in modelli animali di autismo, inclusi il disturbo della comunicazione sociale e il deterioramento dell'apprendimento e della memoria spaziale.

Daniele Gatto   Giuseppe Rotolo

Vitamina B e altri disturbi dello sviluppo

- **Deterioramento cognitivo:** le carenze di vitamine del gruppo B sono state associate a deterioramento cognitivo e vari disturbi psichiatrici.

Daniele Gatto   Giuseppe Rotolo

- Metabolismo dell'omocisteina: Livelli adeguati di vitamine del gruppo B sono necessari per la conversione dell'omocisteina in metionina, mentre livelli elevati di omocisteina sono collegati a problemi cognitivi.

Sperimentazioni cliniche e supplementazione

Effetti sullo sviluppo neurologico: alcuni studi hanno dimostrato che l'integrazione di vitamina B12 può comportare un miglioramento della crescita e dello sviluppo neurologico nei bambini a rischio di carenza.

Sviluppo del linguaggio: sebbene le prove dirette sullo sviluppo del linguaggio siano limitate, il miglioramento complessivo dello sviluppo neurologico suggerisce potenziali benefici per le abilità linguistiche.

Algoritmo diagnostico

Ruolo nella diagnosi: Attualmente, i livelli di vitamina B non sono una parte standard dell'algoritmo diagnostico per l'ASD o i disturbi dello sviluppo.

Biomarcatore potenziale: Con ulteriori ricerche, i livelli di vitamina B potrebbero potenzialmente servire come biomarcatori per valutare il rischio di ritardo del linguaggio e guidare le strategie di integrazione.

Daniele Gatto   Giuseppe Rotolo

Sensibilità e Specificità

Sensibilità: La capacità dei livelli di vitamina B di identificare correttamente l'ASD o i disturbi dello sviluppo non è chiaramente stabilita.

Specificità: Anche la capacità dei livelli di vitamina B di escludere correttamente queste condizioni non è ben definita.

Falsi positivi/negativi

Falsi positivi: Livelli elevati o diminuiti di vitamina B potrebbero non essere specifici dell'ASD o dei disturbi dello sviluppo, poiché possono essere influenzati dall'assunzione alimentare e da altri fattori

Falsi negativi: Livelli normali di vitamina B non escludono necessariamente la presenza di ASD o disturbi dello sviluppo.

Conclusione

Il gruppo della vitamina B svolge un ruolo cruciale nello sviluppo neurologico e può influenzare lo sviluppo del linguaggio nell'autismo (ASD) e in altri disturbi dello sviluppo. L'integrazione con vitamine del gruppo B, in particolare B12 e acido folico, si è dimostrata promettente nel migliorare i risultati dello sviluppo neurologico. Sono necessarie ulteriori ricerche per chiarire l'impatto delle vitamine del gruppo B sul ritardo del linguaggio e il loro potenziale utilizzo negli algoritmi diagnostici.

Daniele Gatto   Giuseppe Rotolo

Alcune fonti scientifiche

[1] https://www.ncbi.nlm.nih.gov/pmc/articles/PMC9318435/

[2] https://www.ncbi.nlm.nih.gov/pmc/articles/PMC7707571/

[3] https://www.ncbi.nlm.nih.gov/pmc/articles/PMC8400809/

Daniele Gatto   Giuseppe Rotolo

[4] https://classic.clinicaltrials.gov/ct2/show/NCT01602016

[5] https://www.ncbi.nlm.nih.gov/pmc/articles/PMC6616660/

[6] https://academic.oup.com/nutritionreviews/article/66/5/250/1909427

[7] https://simplespectrumsupplement.com/blogs/news/is-there-a-connection-between-vitamin-b12-and-autism

[8] https://www.frontiersin.org/articles/10.3389/fnmol.2022.947513/full

Interrelation between homocysteine metabolism and the development of autism spectrum disorder in children

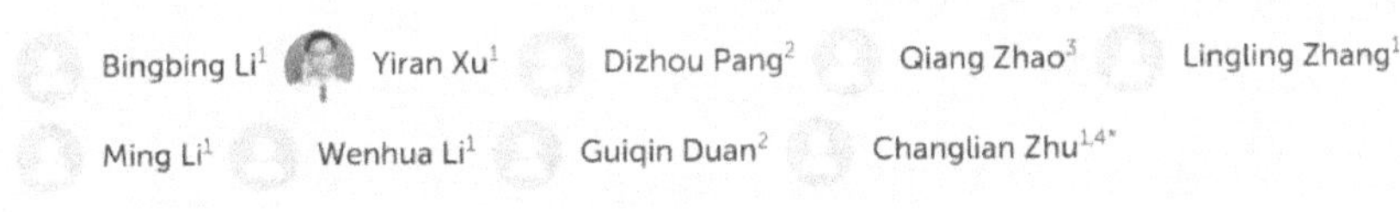

Bingbing Li[1]   Yiran Xu[1]   Dizhou Pang[2]   Qiang Zhao[3]   Lingling Zhang[1]

Ming Li[1]   Wenhua Li[1]   Guiqin Duan[2]   Changlian Zhu[1,4*]

[9] https://simplespectrumsupplement.com/blogs/news/vitamin-

Daniele Gatto   Giuseppe Rotolo

b6-magnesium-and-autism-can-these-nutrient-deficiencies-
be-linked-to-language-delays

[10]   https://health.ucdavis.edu/news/headlines/high-folic-
acid-and-low-b12-can-affect-fetal-brain-development-in-
mice/2024/01

[11] https://www.pharmacytimes.com/view/pediatric-vitamin-
b12-deficiency-when-autism-isnt-autism

[12]
https://www.opensciencepublications.com/fulltextarticles/IJN
-2395-2326-8-240.html

[13]
https://journals.sagepub.com/doi/10.1177/15648265080292S1
17

[14] https://natautism.com/en/methyl-b12-therapy-for-autism-
recovery/

[15] https://tacanow.org/family-resources/medical-causes-of-
speech-issues-in-autism/
[16] https://bmjopen.bmj.com/content/8/2/e018962

[17]   https://tacanow.org/family-resources/methyl-b12-for-
autism/

Daniele Gatto   Giuseppe Rotolo

[18] https://www.researchgate.net/publication/329269200_The_R ole_of_Vitamins_in_Autism_Spectrum_Disorder_What_Do_ We_Know

[19] https://neurosciencenews.com/b12-folic-acid-neurodevelopment-25421/

[20] https://www.autismtransformed.com/supplements-for-speech/

[21] https://www.treatautism.ca/speech-delay-autism-treatment-b12-injections/

[22] https://www.sciencedirect.com/science/article/pii/S21618313 2200775X

[23] https://www.sciencenorway.no/autism-vitamins/many-people-on-the-autism-spectrum-have-too-much-vitamin-b12-which-is-important-for-brain-development-and-thinking/1688837

[24] https://academic.oup.com/qjmed/article/113/Supplement_1/hc aa063.006/5829078

Daniele Gatto   Giuseppe Rotolo

[25]
https://jbiomedsci.biomedcentral.com/articles/10.1186/s1292
9-016-0241-8

Daniele Gatto   Giuseppe Rotolo

Tipi di vitamina B e loro potenziale ruolo nel ritardo del linguaggio nell'autismo e in altri disturbi dello sviluppo

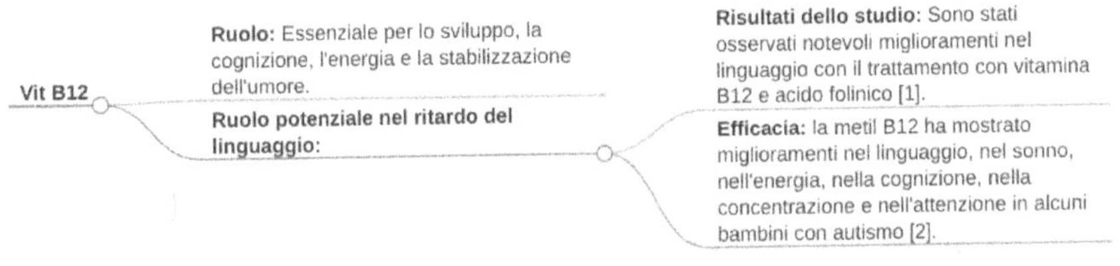

Efficacia

Gli autori dell'articolo affermano che la metil B12 ha mostrato miglioramenti nel linguaggio, nel sonno, nell'energia, nella cognizione, nella concentrazione e nell'attenzione in alcuni bambini con autismo [2].

Consiglio di consultare questo articolo visto l'importanza delle affermazioni.

Daniele Gatto   Giuseppe Rotolo

Vitamina B6

- Ruolo: Necessario per oltre 60 processi biologici, inclusa la funzione cerebrale.

- Ruolo potenziale nel ritardo del linguaggio:

- Ricerca: la vitamina B6 con magnesio può alleviare i sintomi principali dell'autismo, inclusi ritardi nel linguaggio e nelle interazioni sociali [4].

- Effetti dell'integrazione: Gli studi suggeriscono che l'integrazione di B6 può avere un impatto positivo sulle abilità linguistiche nei bambini con autismo [4].

Daniele Gatto   Giuseppe Rotolo

Folato (vitamina B9)

- Ruolo: Essenziale per la sintesi e la riparazione del DNA.

- Ruolo potenziale nel ritardo del linguaggio:

Daniele Gatto   Giuseppe Rotolo

- Carenza cerebrale di folati (CFD): Bassi livelli di 5-MTHF nel cervello possono portare a difficoltà di linguaggio e ritardi nello sviluppo [3].

Algoritmo diagnostico

- Sebbene i livelli di vitamina B non siano attualmente marcatori diagnostici standard per autismo (ASD) o disturbi dello sviluppo, possono servire come potenziali biomarcatori per valutare il rischio di ritardo del linguaggio.

- Sono necessarie ulteriori ricerche per stabilire la sensibilità e la specificità dei livelli di vitamina B come indicatori diagnostici del ritardo del linguaggio nell'autismo e in altri disturbi dello sviluppo.

In conclusione, i membri del gruppo della vitamina B come la B12, la B6 e il folato svolgono un ruolo cruciale nello sviluppo neurologico e possono influenzare il ritardo del linguaggio nell'autismo e in altri disturbi dello sviluppo. L'integrazione con queste vitamine si è rivelata promettente nel migliorare le competenze linguistiche. Sono necessarie ulteriori ricerche per chiarire i meccanismi specifici attraverso i quali queste vitamine influiscono sullo sviluppo del

Daniele Gatto   Giuseppe Rotolo

linguaggio negli individui con autismo e altri disturbi dello sviluppo.

Daniele Gatto   Giuseppe Rotolo

Indirizzi web delle fonti

[1] https://tacanow.org/family-resources/medical-causes-of-speech-issues-in-autismo/
[2] https://simplespectrumsupplement.com/blogs/news/is-there-a-connection-between-vitamin-b12-and-autism

Daniele Gatto   Giuseppe Rotolo

[3] https://www.autismtransformed.com/supplements-for-speech/

[4] https://simplespectrumsupplement.com/blogs/news/vitamin-b6-magnesium-and-autism-can-these-nutrient-deficiencies-be-linked-to-lingual-delays

[5] https://www.researchgate.net/publication/340674025_Vitamin_D_Deficiency_and_Autism_Spectrum_Disorder

Daniele Gatto   Giuseppe Rotolo

Potenziali benefici della supplementazione di vitamina B12 nei bambini con autismo e altri disturbi dello sviluppo

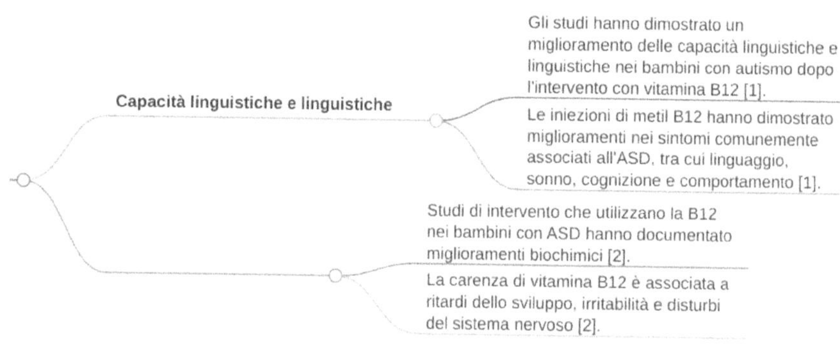

Miglioramenti comportamentali

- Il trattamento con metilcobalamina e acido folinico ha mostrato notevoli miglioramenti nel comportamento adattivo nei bambini con autismo [4].

- L'integrazione di metil B12 è stata collegata a miglioramenti nel linguaggio, nel sonno, nei livelli di

Daniele Gatto   Giuseppe Rotolo

energia, nella velocità di elaborazione, nella concentrazione e nell'attenzione in alcuni bambini con autismo [4].

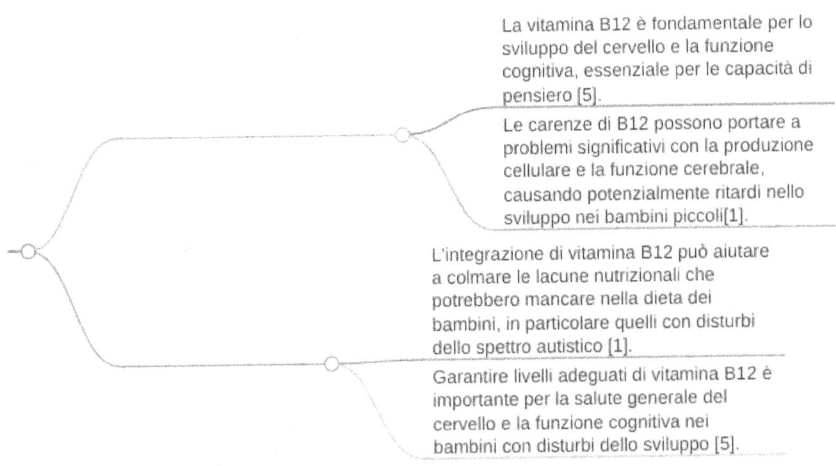

In conclusione, l'integrazione di vitamina B12 offre potenziali benefici per i bambini con autismo e altri disturbi dello sviluppo migliorando le capacità di parola e di linguaggio, supportando la funzione e lo sviluppo cerebrale e affrontando le carenze biochimiche associate a queste condizioni. Sono necessarie ulteriori ricerche per esplorare l'intera portata di questi benefici e ottimizzare le strategie di trattamento per gli individui con disturbi dello sviluppo.

Daniele Gatto   Giuseppe Rotolo

Indirizzi web delle fonti

[1]   https://simplespectrumsupplement.com/blogs/news/is-there-a-connection-between-vitamin-b12-and-autism
[2]
https://www.opensciencepublications.com/fulltextarticles/IJN-2395-2326-8-240.html

Daniele Gatto   Giuseppe Rotolo

[3]
https://academic.oup.com/qjmed/article/113/Supplement_1/hc
aa063.006/5829078

[4]   https://tacanow.org/family-resources/medical-causes-of-
speech-issues-in-autismo/

[5]   https://www.sciencenorway.no/autism-vitamins/many-
people-on-the-autism-spectrum-have-too-much-vitamin-b12-
that-is-important-for-brain-development   -e-
pensando/1688837

Daniele Gatto   Giuseppe Rotolo

Relazione tra microbioma intestinale e disturbi del linguaggio nell'autismo e nei disturbi dello sviluppo

Risultati della ricerca:

Microbiota intestinale alterato: gli studi suggeriscono una correlazione tra la composizione del microbiota intestinale e problemi comportamentali in individui con disturbo dello spettro autistico (ASD) [1].

Squilibri microbici: i bambini con ASD spesso mostrano problemi digestivi e squilibri microbici nell'intestino, indicando un potenziale ruolo nel disturbo [2].

Teorie e meccanismi chiave

- **Asse intestino-cervello:** la disregolazione del microbioma intestinale può interrompere l'asse intestino-cervello, contribuendo potenzialmente alle difficoltà linguistiche nell'autismo (ASD) [3].

- **Profili microbici:** Batteri specifici nell'intestino possono svolgere un ruolo cruciale nella classificazione dell'autismo (ASD), evidenziando la

Daniele Gatto   Giuseppe Rotolo

156

rilevanza del microbiota intestinale nella fisiopatologia dell'autismo (ASD) [4].

Interventi potenziali

Autismo e bioma intestinale

How

L'autismo e il bioma intestinale sono collegati attraverso l'asse intestino-cervello, dove le interazioni tra il sistema nervoso enterico e il sistema nervoso centrale possono influenzare il comportamento e le funzioni cognitive. Si ritiene che uno squilibrio nel bioma intestinale possa contribuire allo sviluppo dei sintomi dell'autismo, poiché i batteri intestinali possono influenzare la produzione di neurotrasmettitori e sostanze infiammatorie che possono avere un impatto sul cervello e sul comportamento. Gli studi continuano a esplorare questa relazione complessa per comprendere meglio come migliorare la salute intestinale e il benessere cognitivo nei pazienti autistici.

Controversy

Una controversia legata a questo argomento riguarda la validità e la completezza delle prove scientifiche che supportano la connessione tra l'autismo e il bioma intestinale. Alcuni esperti ritengono che le ricerche siano ancora in fase preliminare e che siano necessari ulteriori studi per confermare in modo definitivo questa relazione. Altri potrebbero sollevare dubbi sull'effettiva causalità tra lo squilibrio nel bioma intestinale e lo sviluppo dell'autismo, sottolineando la complessità dei fattori che contribuiscono alla patologia. Inoltre, potrebbe esserci disaccordo su quali interventi terapeutici siano più efficaci nel migliorare la salute intestinale e le condizioni cognitive dei pazienti autistici, portando a dibattiti sulle migliori pratiche cliniche da adottare.

Daniele Gatto   Giuseppe Rotolo

Modulazione del microbiota intestinale

L'alterazione della composizione del microbiota intestinale potrebbe servire come approccio terapeutico per affrontare le sfide linguistiche negli individui con autismo (ASD) [4].

- Trapianto di microbiota fecale (FMT): Il FMT si è dimostrato promettente nel migliorare i punteggi comportamentali dell'ASD correggendo gli squilibri nel microbiota intestinale [4].

Pratica clinica:

Uso dell'algoritmo diagnostico: La valutazione della composizione del microbioma intestinale può aiutare nella diagnosi dei disturbi del linguaggio in individui con autismo e disturbi dello sviluppo.

Interventi terapeutici: l'ottimizzazione del bioma intestinale attraverso modifiche dietetiche o probiotici potrebbe avere un impatto positivo sullo sviluppo del linguaggio

Daniele Gatto   Giuseppe Rotolo

Articoli autorevoli

1. [Il microbiota intestinale alterato è correlato a problemi comportamentali](https://www.sciencedirect.com/science/article/pii/S0889159122003713)
2. [Microbiota intestinale e disturbi dello spettro autistico](https://gutpathogens.biomedcentral.com/articles/10.1186/s13099-023-00575-8)

Daniele Gatto   Giuseppe Rotolo

3.   [Analisi multilivello dell'asse intestino-cervello] (https://www.nature.com/articles/s41593-023-01361-0)

4. [Firma del microbioma per il disturbo dello spettro autistico]   (https://www.nature.com/articles/s41598-023-50601-7)

Daniele Gatto   Giuseppe Rotolo

Indirizzi web delle fonti

[1]
https://www.sciencedirect.com/science/article/pii/S08891591
22003713

[2]
https://gutpathogens.biomedcentral.com/articles/10.1186/s130
99-023-00575-8

[3] https://www.nature.com/articles/s41593-023-01361-0

[4] https://www.nature.com/articles/s41598-023-50601-7

[5]
https://www.ncbi.nlm.nih.gov/pmc/articles/PMC10754604/

Daniele Gatto   Giuseppe Rotolo

Prima di concludere

Vorrei riportarvi prima di concludere di
alcuni aspetti pratici del nostro modello di
intervento Gestalt Disability Therapy ®.
Come potrete vedere da altri libri della
collana l'aspetto relazionale, il contatto

Daniele Gatto   Giuseppe Rotolo

pieno sono degli aspetti fondamentali. Vi riporto alcuni punti salienti, pratici del nostro modello.

Questo testo descrive una seduta di terapia con un bambino di nome M. che ha difficoltà sociali e di comunicazione. Il terapeuta utilizza varie strategie per aiutare M. a sentirsi più a suo agio e sicuro durante la seduta.

Il terapeuta inizia descrivendo le attività svolte durante la seduta, come i giochi per aiutare M. a sentirsi più rilassato e coinvolto. Inoltre, ha utilizzato esercizi vocalizzazioni per aiutare M. a esercitarsi nell'uso della voce per poi relazionarsi.

Tuttavia, il terapeuta nota che M. ha avuto qualche difficoltà con alcune attività, come quando le è stato chiesto di prendere gli strumenti per gli esercizi o quando ha chiesto di andare in bagno. Il terapeuta interpreta questi comportamenti come segni di stress e ansia.

Per affrontare questi problemi, il terapeuta utilizza una serie di strategie. Impongono a M. gli esercizi in modo giocoso, sottolineando l'importanza della sua partecipazione e incoraggiandola a sentirsi orgogliosa dei suoi progressi. Utilizza anche un rinforzo positivo, come lodare M. per i suoi sforzi e abbracciarla.

Daniele Gatto   Giuseppe Rotolo

Gli sforzi del terapeuta sembrano dare i loro frutti, poiché M. diventa più impegnata e collaborativa durante la seduta. Completa con successo gli esercizi e ringrazia spontaneamente il terapeuta alla fine della seduta.

Nel complesso, l'approccio del terapeuta e incentrato sulla creazione di un ambiente positivo e di supporto per far sentire M. a proprio agio e sicura di sé. Utilizzando una varietà di strategie per affrontare l'ansia e lo stress di M., il terapeuta è in grado di aiutare M. a seguire il trattamento.

Alcuni punti salienti e test

1. Interazione sociale (indicare un punteggio da 1 a 10): Il terapeuta si è impegnato attivamente con il cliente, utilizzando un atteggiamento di sostegno e non giudicante per creare un ambiente sicuro e confortevole. Il cliente ha mostrato una certa resistenza ai tentativi del terapeuta di coinvolgerlo nell'attività, ma alla fine ha iniziato a partecipare. Il terapeuta ha ottenuto un punteggio di 8 su 10 per la qualità dell'interazione.

2. Coinvolgimento emotivo (indicare un punteggio da 1 a 10): Il terapeuta ha lavorato per coinvolgere emotivamente il

Daniele Gatto   Giuseppe Rotolo

cliente nell'attività, utilizzando varie tecniche per catturare la sua attenzione e coinvolgerlo nel processo. Il cliente ha mostrato una certa risposta emotiva, ma limitata. Il terapeuta ha ottenuto un punteggio di 5 su 10 per il grado di coinvolgimento emotivo.

3. Ricerca dell'operatore come partner (indicare un punteggio da 1 a 10): Il terapeuta ha lavorato per stabilire un rapporto di collaborazione con il cliente, utilizzando un atteggiamento di supporto e non giudicante per creare un senso di partnership. Il cliente ha mostrato una certa resistenza a questo approccio, ma alla fine ha iniziato a lavorare con il terapeuta. Il terapeuta ha ottenuto un punteggio di 7 su 10 per la qualità della collaborazione.

4. Condivisione del focus di interesse con l'operatore (indicare un punteggio da 1 a 10): Il terapeuta ha lavorato per condividere il focus dell'attività con il cliente, utilizzando un approccio collaborativo per garantire che il cliente si sentisse a proprio agio.

Daniele Gatto   Giuseppe Rotolo

Conclusioni

Si conclude qui il nono volume della raccolta di libri sulla medicina funzionale per l'autismo e l'ADHD. Il libro si

Daniele Gatto   Giuseppe Rotolo

concentra sulla relazione tra gioco, apprendimento e sviluppo neurologico nell'autismo e nell'ADHD.

La prima parte del libro esplora l'importanza del gioco nello sviluppo del cervello e il suo ruolo nell'apprendimento e nell'interazione sociale. Vengono inoltre analizzate le emozioni e il loro impatto sullo sviluppo cerebrale.

La seconda parte del libro si concentra sul ruolo dell'alimentazione e degli integratori nel trattamento dell'autismo e dell'ADHD. Viene discussa l'importanza delle vitamine e dei minerali nella dieta e il modo in cui alcuni nutrienti possono contribuire a migliorare i sintomi dell'autismo e dell'ADHD. Il libro fornisce inoltre informazioni sui diversi tipi di integratori che possono essere utilizzati e sui loro effetti sull'organismo.

Il libro comprende anche una sezione sul microbioma e sul suo ruolo nello sviluppo dell'autismo e dell'ADHD. Si parla dell'importanza di mantenere un sano equilibrio dei batteri intestinali e di come questo possa essere raggiunto attraverso la dieta e gli integratori.

Il libro si conclude sottolineando l'importanza di un approccio multidisciplinare al trattamento dell'autismo e dell'ADHD e come la medicina funzionale possa svolgere un ruolo chiave in questo approccio. L'autore sottolinea inoltre la necessità di ulteriori ricerche in questo settore per comprendere meglio le

Daniele Gatto   Giuseppe Rotolo

cause alla base dell'autismo e dell'ADHD e per sviluppare trattamenti più efficaci.

Daniele Gatto   Giuseppe Rotolo